OGHAM
HOLY DRY SERPENT

OGHAM
HOLY DRY SERPENT

Discovered and translated by John M. Nicholls

Book Guild Publishing
Sussex, England

First published in Great Britain in 2007 by
The Book Guild Ltd
Pavilion View
19 New Road
Brighton BN1 1UF

Typesetting in Times by
Keyboard Services, Luton, Bedfordshire

Printed in Great Britain by
Athenaeum Press Ltd, Gateshead

A catalogue record for this book is available from
The British Library

ISBN 978 1 84624 143 7

CONTENTS

INTRODUCTION

Ogham is the first spoken and written language using today's grammar and consonant vowel relation. It is the single language from which all of such have been created. Ogham was previously believed to be an ancient Celtic language, as inscribed stones have been found mostly in Ireland, but also in Scotland, Cornwall and other areas steeped in Celtic history. Discoveries in China in 1999 suggest that Ogham may have been used there as long as 8,600 years ago.

This book shows that it is as much used today as it has always been and shows clearly its intended use.

It shows that all languages are written in two levels of understanding. The first is as you are reading this, words and sentences that create a thought path in your mind. The second is their translation, which shows their true meaning and purpose.

When reading down the dictionary, the columns of its inner translation and the number sequence, you will see that it tells the full story and its intention by those who created it.

DICTIONARY

AB = BORN
EB = BACK
IB = BEFORE
OB = LOST
UB = AWOKE

BA = FIRE
BE = BE
BI = TWO
BO = CHILD
BU = JOINED

AC = FORCE
EC = UNITED
IC = SOUND
OC = EIGHTH
UC = BLIND

CA = NINTH
CE = FIRST
CI = THIS
CO = BEST
CU = WEAKEN

AD = EXTRA
ED = POWER
ID = MIND
OD = STRANGE
UD = UNDER

DA = SEVENTH (DAY)
DE = TENTH (MADE)
DI = EASY
DO = STAB
DU = STRONGEST

AF = LAST
EF = HOPE
IF = PRAY
OF = US
UF = WIN

FA = MANY
FE = END
FI = WHITE
FO = FORTH (ENEMY)
FU = STAY

AG = AT
EG = POINT
IG = BLADE
OG = HOLY
UG = PLACE

GA = BLOOD
GE = CELL
GI = SPIRIT
GO = START
GU = FRESH

AH = WAR
EH = AGAIN
IH = RACE
OH = HEAR
UH = THROUGH

HA = DRY
HE = FIFTH (HE)
HI = BETTER
HO = SPOKE
HU = WITH

AJ = ARMS
EJ = THROWN
IJ = DOWN

OJ = SAID
UJ = PLEASE

JA = GOD
JE = FOURTEENTH (MAKE)
JI = FIFTEENTH (MAZE)
JO = SIXTEENTH (WORK)
JU = SPEAK

AK = WORDS
EK = ABOUT
IK = LIFE
OK = GOOD
UK = FORTUNE

KA = CHOSEN
KE = FIRST
KI = JEW
KO = CHILD
KU = BORN

AL = TAKE
EL = KING
IL = ILL
OL = OLD
UL = MUST

LA = FLY
LE = LAND
LI = FALSE
LO = LOWER
LU = COMING

AM = MORNING
EM = LIGHT
IM = SMALL
OM = BUT
UM = TRUE

MA = SERPENT
ME = THEY
MI = MIDDLE
MO = THIRTEENTH (MAN)
MU = GET

AN = FOUND
EN = WHEN
IN = ONE
ON = ABOVE
UN = WAS

NA = OWN
NE = BEGINNING
NI = DARK
NO = SO
NU = NEW

AP = HIDDEN
EP = NAME
IP = GIVEN
OP = PROMISED
UP = UNDER

PA = CLOSE
PE = HOME
PI = CIRCLE
PO = VOICE
PU = BRING

AR = SHIP
ER = TRUE
IR = ANGER
OR = OR
UR = BAD

RA = IF
RE = FROM
RI = HIM

RO = FOR
RU = THE

AS = KILL
ES = STRONG
IS = THEIR
OS = MAGIC
US = WE

SA = VOICE
SE = SECOND (FOLLOW)
SI = HEAD
SO = SIXTH (ANIMAL)
SU = TWELFTH (SUN/SON)

AT = WORTHY
ET = MUST
IT = NOT
OT = FAIL
UT = AT

TA = THAT
TE = PEOPLE
TI = TOGETHER
TO = FIGHT
TU = HERE

AV = SINCE
EV = TIME
IV = GROW
OV = OLD
UV = BRAVE

VA = LEAVE
VE = ELEVENTH
VI = DEAD
VO = CAN
VU = SHEPHERD

AW = SURPRISE
EW = LAMB
IW = SLEEPING
OW = EVIL
UW = DREAM

WA = WAY
WE = WALKING
WI = BEAST
WO = THIRD (WOMAN)
WU = WILL

AX = HOLD
EX = GOOD
IX = VALUE
OX = AGAINST
UX = DEVIL

AY = LET
EY = EYE
IY = OPEN
OY = LOOK
UY = SEE

YA = TAIL
YE = NEAR
YI = STAND
YO = FIRM
YU = AND

AZ = KILL
EZ = STRONG
IZ = THEIR
OZ = MAGIC
UZ = WE

ZA = SAY
ZE = SECOND (FOLLOW)
ZI = HEAD
ZO = SIXTH (ANIMAL)
ZU = TWELFTH (SUN/SON)

INSTRUCTIONS

1) Reading from left to right group together visible pairs of consonants and vowels as shown in the following examples.

(aB) (nA) (nE)
Osama Bin Laden = **Os am a Bi n La de n**
Magic morning born, two own fly made beginning
(2) (10)

(Position 1) (P2-Ne) (P3-Gi)
CA VE **Fo x Hu n ti n g**
9 11 Forth eighteenth with own together beginning spirit

(nA) (LA) (sE)
Ti ta n 1 Bi l li on Mi le s F ro m
Together that own, first two fly false above, middle land voice, many for they,

(eB) (tA)(hE)
E ar t h
back ship that he

2) All new words to be translated begin as new and are NOT a continuation of the last.

3) After grouping together visible pairs, the solo consonants are numbered, then paired before their vowels from the dictionary. Starting from A, the next consonant ending with E, the next ending with I etc. The solo consonants numbered position is the position of its NON visible vowel after pairing. For example, consonant position 1 = vowel A, consonant position 2 = vowel E, etc. This is totally independent from visible pairs and should not be confused or connected with them in any way.

4) Any letters after an ' (apostrophe) or division (–) to be translated should be regarded as a new word so the vowel position begins at 'A', position 1.

Example:

(sA)
Wi fe' s
'Beast end voice'

5) If a solo consonant is before or after a visible pair that if paired with its vowel would be the same as the visible pair, in this case the solo consonant before ALWAYS moves up the vowel list, the consonant after ALWAYS moving down. This only applies to the single consonant's vowel to be adjusted, it holds its original vowel position within the word itself as though it has not been adjusted due to duplication with a visible pair.

Example:

(uL). ('L' still keeping its vowel position of 'La' within the word)
L la n ha ra n
Must fly beginning dry if dark

6) A solo consonant is ALWAYS paired with a vowel after it, NEVER before.

7) The vowel list is only relative to the consonant in question and its NON visible vowel, for example if 'C' was the consonant the vowel list refers to the vowel before or after it. If the consonant's vowel would need to be above 'aC' then it begins again at the bottom rotating in reverse to become 'Cu'. If it would go below 'Cu' then it rotates forward to the top and would become 'aC'.

8) If two visible pairs are the same in a word to be translated then the meaning should be translated as two words the same and should NOT be adjusted, changed or affected in any way.

9) Solo visible vowels amongst, beginning or ending a word are ALWAYS before a NON visible (B) consonant, for example (A) becomes (aB), (O) becomes (oB) etc.

10) A word pair that has two meanings, mathematical and script, for example 'De' meaning 'Tenth' and 'Made'. When the word to translate begins with De it is 'Tenth', during any other part of the word to translate it is 'Made'.

11) Any word that is made of two words both beginning with a capital letter should ALWAYS be treated as two separate words. Each word beginning a new vowel list starting at 'A'.

12) 'Q' should never be regarded as a consonant during the initial pairing or placed with a vowel under any circumstance. It does however count as a consonant when beginning or during a word as to the vowel list.

Example:

(Position 1) (sE-p2)
Q u e en s
Seventeenth awoke back when follow

13) 'X' should never be paired with a vowel after it. It does however count as a consonant when beginning or during a word as to the vowel list.

Example:

(rA-p1)(xE-p2) (tI-p3)
Ma r x is t
Serpent if eighteenth their together

THE USE OF ACCENTED LETTERS

Any vowel or consonant should ALWAYS retain its upper or lower case status when being translated.

The translation of an accented letter should ALWAYS be applied whether a letter is part of a pair or solo.

2) In a language such as Greek that uses a sloping accent above a vowel, the slope indicates the vowel's change of one vowel position, right = one position down, left = one position up. For example an 'A' with a sloping right accent (Á) moves down one position and becomes 'E' Or an 'E' with a sloping left accent (È) moves up one position and becomes 'A' .

3) In a language such as Finnish two dots above a vowel mean the vowel goes up the vowel list two positions for example 'Ï' becomes 'A'.

4) A vowel with a crown (pyramid) accent above it for example 'Ê' ALWAYS becomes 'I'. This is true even if the accent is above an I.

5) A vowel with an open circle above it 'å' should ALWAYS be read as an 'O'.

6) A vowel with a wavy line above it 'ã' should always be read as an 'e'.

DICTIONARY INNER TRANSLATION

BO R N
Child if beginning

BA C K
Fire ninth first

BE FO RE
Be enemy from

LO S T
Lower voice people

AW OK E
Surprise good back

FI RE
White from

BE
Be

T WO
That woman

C HI L D
Ninth better land easy

JO IN ED
Sixteenth one power

FO R CE
Forth if first

UN IT ED
Was not power

SO UN D
Sixth was day

E IG H T H
Back blade dry people better

B LI N D
Fire false beginning easy

FO UN D
Forth was day

W HE N
Way he beginning

ON E
Above back

AB OV E
Born old back

WA S
Way voice

OW N
Evil own

BE GI N NI N G
Be spirit own dark beginning spirit

DA R K
Seventh if first

SO
Sixth

NE W
Beginning way

HI D DE N
Better day made beginning

NA ME
Own they

GI VE N
Spirit eleventh own

P RO MI SE D
Close for middle follow made

UN DE R
Was made if

NI N T H
Dark own people better

FI R S T
White if follow together

T HI S
That better follow

BE S T
Be voice people

WE AK EN
Walking words when

EX T RA
Good that if

PO WE R
Voice walking if

MI N D
Middle own made

S T RA N GE
Voice people if dark cell

UN DE R
Was made if

DA Y
Seventh tail

MA DE
Serpent made

E AS Y
Back kill tail

S TA B
Voice that be

S T RO N GE S T
Voice people for dark cell animal here

LA S T
Fly voice people

C LO SE
Ninth lower follow

HO ME
Spoke they

CI R C LE
This if first land

VO IC E
Can sound back

B RI N G
Fire him beginning spirit

S HI P
Voice better home

T RU E
That the back

AN GE R
Found cell if

OR
Or

BA D
Fire day

IF
Pray

F RO M
Many for they

HI M
Better serpent

FO R
Forth if

T HI S
That better follow

KI L L
Jew fly land

HO PE
Spoke home

P RA Y
Close if near

US
We

WI N
Beast own

MA N Y
Serpent own near

EN D
When day

W HI TE
Way better people

EN EM Y
When light tail

S TA Y
Voice that near

AT
Worthy

PO IN T
Voice one that

B LA DE
Fire fly made

HO L Y
Spoke fly near

P LA CE
Close fly first

B LO OD
Fire lower strange

CE L L
First fly land

S T RO N G
Voice people for dark start

T HE IR
That he anger

MA GI C
Serpent spirit ninth

WE
Walking

VO IC E
Can sound back

FO L LO W
Forth fly lower walking

HE AD
Fifth extra

SI X T H
Head eighteenth people better

T WE L F T H
That walking land white fight with

WO R T H Y
Third if people better firm

MU S T
Get voice people

NO T
So that

FA IL
Many ill

AT
Worthy

T HA T
That dry people

PE OP LE
Home promised land

S PI RI T
Voice circle him people

S TA R T
Voice that from together

F RE S H
Many from follow better

WA R
Way if

AG A IN
At born one

RACE
If first

HE AR
Fifth ship

T H RO UG H
That he for place better

D R Y
Seventh from stand

HE
Fifth

BE T TE R
Be that people from

S PO KE
We voice first

WI T H
Beast that he

AR M S
Ship serpent follow

T H RO W N
That he for beast so

DO W N
Stab way beginning

TO GE T HE R
Fight cell that he from

FI G H T
White blood he together

HE RE
Fifth from

SI N CE
Head own first

TI ME
Together they

G RO W
Blood for walking

OL D
Old day

B RA VE
Fire if eleventh

LE AV E
Land since back

EL EV EN T H
King time when that he

DE AD
Tenth extra

CA N
Ninth own

S HE P HE R D
Voice he home he him stab

SU R P RI SE
Twelfth if home him follow

LA M B
Fly serpent be

S LE EP IN G
Voice land name one cell

SA ID
Voice mind

P LE AS E
Close land kill back

GO D
Start day

MA KE
Serpent first

MA ZE
Serpent follow

WO R K
Third if first

S PE AK
Voice home words

WO R D S
Third if made head

AB O UT
Born lost at

LI FE
False end

GO OD
Start strange

FO R TU NE
Forth if here beginning

C HO SE N
Ninth spoke follow beginning

FI R S T
White if follow together

JE W
Fourteenth way

C HI L D
Ninth better land easy

EV IL
Time ill

D RE AM
Seventh from morning

WA Y
Way tail

WA L KI N G
Way fly Jew beginning spirit

BEAS T
Be kill that

WO MA N
Third serpent own

WI L L
Beast fly land

HO L D
Spoke fly made

GO OD
Start strange

VA LU E
Leave coming back

AG A IN S T
At born one voice people

DE VI L
Tenth dead fly

LE T
Land that

EY E
Eye back

OP EN
Promised when

LO OK
Lower good

BO R N
Child if beginning

TA KE
That first

KI N G
Jew own cell

IL L
Ill fly

OL D
Old day

MU S T
Get voice people

F L Y
Many land stand

LA N D
Fly own made

FA L SE
Many fly follow

LO WE R
Lower walking if

CO MI N G
Best middle own cell

MO R NI N G
Thirteenth if dark beginning spirit

LI G H T
False blood he together

S MA L L
Voice serpent land false

BU T
Joined that

T RU E
That the back

SE E
Second back

TA IL
That ill

NE AR
Beginning ship

S TA N D
Voice that beginning easy

FI R M
White if they

AN D
Found day

KI L L
Jew fly land

S T RO N G
Voice people for dark start

T HE IR
That he anger

MA GI C
Serpent spirit ninth

WE
Walking

SA Y
Voice tail

SE CO N D
Second best own made

HE AD
Fifth extra

SI X T H
Head eighteenth people better

T WE L F T H
That walking land white fight with

SE R PE N T
Second if home beginning together

T HE Y
That he near

MI D D LE
Middle day made land

MA N
Serpent own

GE T
Cell that

TRANSLATED NUMBER SEQUENCE

0 = NI	= DARK	= DARK		= DARK
1 = KE	= FIRST	= FIRST	= IN	=ONE
2 = SE	= SECOND	= FOLLOW	= BI	=TWO
3 = WO	= THIRD	= WOMAN		= THREE
4 = FO	= FORTH	= ENEMY		= FOUR
5 = HE	= FIFTH	= HE		= FIVE
6 = SO	= SIXTH	= ANIMAL		= SIX
7 = DA	= SEVENTH	= DAY		= SEVEN
8 = OC	= EIGHTH	= EIGHTH		= EIGHT
9 = CA	= NINTH	= NINTH		= NINE
10 = DE	= TENTH	= MADE		= TEN
11 = VE	= ELEVENTH	= ELEVEN		= ELEVEN
12 = SU	= TWELFTH	= SUN(SON)		= TWELVE
13 = MO	=THIRTEENTH	= MAN		= THIRTEEN
14 = JE	= FOURTEENTH	= MAKE		= FOURTEEN
15 = JI	= FIFTEENTH	= MAZE		= FIFTEEN
16 = JO	= SIXTEENTH	= WORK		= SIXTEEN
17 = Q	= SEVENTEENTH	= SEVENTEEN		= SEVENTEEN
18 = X	= EIGHTEENTH	= EIGHTEEN		= EIGHTEEN

INNER TRANSLATION OF NUMBERS

FI R S T
White if follow together

SE CO N D
Second best own made

T HI R D
That better from easy

FO R T H
Forth if people better

FI F T H
White many people better

SI X T H
Head eighteenth people better

SE VE N T H
Second eleventh own people better

E IG T H
Back blade that he

NI N T H
Dark own people better

TE N T H
People own people better

EL EV EN T H
King time when that he

T WE L F T H
That walking land white fight with

T HI R TE EN T H
That better from people when together spoke

FO UR TE EN T H
Forth bad people when that he

FI F TE EN
White many people when

SI X TE EN T H
Head eighteenth people when people better

SE VE N TE N T H
Second eleventh own people beginning together spoke

E IG H TE EN T H
Back blade dry people when people better

NI NE TE EN T H
Dark beginning people when that he

T WE N TI ET H
That walking beginning together must better

ON E
Above back

T WO
That woman

T H RE E
That he from back

FO UR
Forth bad

FI VE
White eleventh

SI X
Head eighteenth

SE VE N
Second eleventh own

E IG H T
Back blade dry people

NI NE
Dark beginning

TE N
People own

EL EV EN
King time when

T WE L VE
That walking land eleventh

T HI R TE EN
That better from people when

FO UR TE EN
Forth bad people when

FI F TE EN
White many people when

SI X TE EN
Head eighteenth people when

SE VE N TE N
Second eleventh own people beginning

E IG H TE EN
Back blade dry people when

NI NE TE EN
Dark beginning people when

T WE N T Y
That walking beginning together firm

T HI R T Y
That better from together firm

FO R T Y
Forth if people stand

FI F T Y
White many people stand

SI X T Y
Head eighteenth people stand

SE VE N T Y
Second eleventh own people stand

E IG T H T Y
Back blade that he together firm

NI NE T Y
Dark beginning that near

HU N D RE D
With own made from easy

T HO US AN D
That spoke we found made

MI L LI ON
Middle fly false above

BI L LI ON
Two fly false above

EXAMPLES

Bu c ki n g ha m Pa la ce
Joined ninth Jew beginning spirit dry man, close fly first

Do w ni n g S t re et
Stab way dark beginning spirit, voice people from must

Fi r s t Wo r l d Wa r
White if follow together, third if land easy, way if

Fo ot An d Mo ut h Di se as e
Forth fail, found day thirteenth at dry, easy follow kill back

G re at B ri ta in
Blood from worthy, fire him that one

G re at Fi re Of Lo n do n
Blood from worthy, white from us, lower own stab beginning

Lo n do n Ey e
Lower own stab beginning, eye back

Ma d Co w Di se as e
Serpent day best way, easy follow kill back

Mi l le n ni um Do me
Middle fly land beginning dark true, stab they

Ol y m pi c Ga me s
Old tail they circle this, blood they voice

Se co n d Wo r l d Wa r
Second best own made, third if land easy, way if

S la ve T ra de
Voice fly eleventh, that if made

Un it ed Ki n g do m
Was not power, Jew own cell stab middle

We s t mi n s te r Ab be y
Walking voice people middle dark animal people the born be tail

W hi te No is e
Way better people, so their back

A)

Ab om in at i on
Born but one worthy before above

Ab or ti on
Born or together above

Ac t
Force that

Ad ul t
Extra must that

Ad de r
Extra made if

Af f li c t
Last many false first together

Ag g re s si on
At blood from follow head above

A ir po r t
Born anger voice of people

Al co ho l
Take best spoke fly

Al i en
Take before when

An ge r
Found cell if

An gi na
Found spirit own

An no ya n ce
Found so tail own first

Ap e
Hidden back

Ap pe ti te
Hidden home together people

Ar gu e
Ship fresh back

Ar ma ge d do n
Ship serpent cell day stab beginning

Ar m y
Ship serpent near

Ar se n
Ship follow own

As t h ma
Kill that he serpent

As sa ul t
Kill voice must that

As sa s si n
Kill voice follow head beginning

As y le m
Kill tail land they

As y lu m
Kill tail coming they

At ta c k
Worthy that north first

B)

Ba d
Fire day

Ba r ri er
Fire if him true

Be l so n
Be fly animal beginning

Bi t c h
Two that first better

B la c k
Fire fly first Jew

B li n d
Fire false beginning easy

B li t z
Fire false people head

B lu d ge on
Fire coming made cell above

Bo m b
Child serpent be

Bo r n
Child if beginning

Bo x in g
Child eighteenth one cell

B ra in wa s hi n g
Fire if one way follow better dark start

B re ad
Fire from extra

B re ed in g
Fire from power one cell

B ri c k
Fire him first Jew

B ro w n
Fire for walking dark

Bu il di n g
Joined ill easy own cell

Bu l le t
Joined fly land people

C)

Ca ul d ro n
Ninth must day for beginning

Ca n ni ba l
Ninth own dark fire land

C hi l d
Ninth better land easy

Ci ne ma
This beginning serpent

Co al
Best take

Co ca in e
Best ninth one back

Co m ba t
Best serpent fire people

Co m mo n
Best serpent man beginning

Co n c re te
Best own first from people

Co n de m n
Best own made they dark

Co n di ti on in g
Best own easy together above one cell

Co n fu si on
Best own stay head above

Co n ta in er
Best own that one true

Co n t ra c t
Best own people if this fight

Co un se l li n g
Best was follow fly false beginning spirit

Co un t r y
Best was that from stand

Co up le
Best under land

Co w
Best way

Cu l l
Weaken fly land

Cu r se
Weaken if follow

D)

Da r k
Seventh if first

De at h
Tenth worthy dry

De b t
Tenth fire people

De li g h t
Tenth false blood he together

De s t ro y
Tenth voice people for stand

De ve lo p me n t
Tenth eleventh lower close they beginning together

Di am on d
Easy morning above day

Di no sa ur
Easy so voice bad

Di sa b le d
Easy voice fire land made

Di se as e
Easy follow kill back

Do ub t
Stab awoke that

D ru id
Seventh the mind

Du m b
Strongest serpent be

E)

Ef fe mi na te
Hope end middle own people

Ef fo r t le s s
Hope enemy if people land head animal

El f
King many

El im in at e
King small one worthy back

El m
King serpent

Em pe ro r
Light home for if

Em pi re
Light circle from

Em p lo y me n t
Light close lower near they dark fight

E q u al
Back seventeenth awoke take

Ex p lo si ve s
Good close lower head eleventh follow

E ur op e
Back bad promised back

Ex ha us te d
Good dry we people day

Ex pi re
Good circle from

E ut ha na si a
Back at dry own head born

F)

Fa mi ne
Many middle beginning

Fa r m
Many if they

Fa t
Many that

Fi fe
White end

Fi na n ce
White own beginning first

Fi re
White from

Fi s t
White voice people

Fi x
White eighteenth

F la g
Many fly cell

F le a
Many land born

F l y
Many land stand

Fo od
Forth strange

Fo ol
Forth old

Fo w l
Forth way land

F re ak
Many from words

Fu n gi
Stay own spirit

Fu el
Stay king

G)

Ga n g
Blood own cell

Ga me s
Blood they voice

Ga y
Blood tail

Ge no ci de
Cell so this made

Go l d
Start fly made

Go l f
Start fly end

G re ed
Blood from power

H)

Ha r d
Dry if made

Ha te
Dry people

He ro in e
Fifth for one back

Hi s to r y
Better voice fight from stand

Ho lo ca us t
Spoke lower ninth we that

Ho r mo ne
Spoke if man beginning

Ho r n
Spoke if beginning

Ho s pi ta l
Spoke voice circle that land

H y p no si s
Dry near circle so head animal

I)

In ce s t
One first voice people

In du s t r y
One strongest voice people him firm

In fi de l
One white made fly

In f la me
One many fly they

In f la te
One many fly people

In f lu en za
One many coming when say

In f lu x
One many coming eighteenth

Im mi g ra n t
Small middle blood if beginning together

Im mo r ta l
Small man if that land

In sa ne
One voice beginning

Ir ri ta te
Anger him that people

Ir on
Anger above

In s ti n c t
One voice together beginning this fight

In su ra n ce
One sun(son) if own first

In ti mi da te
One together middle day people

In va si on
One leave head above

J)

Ja c ka l
God ninth chosen land

Je s te r
Fourteenth voice people from

Je w
Fourteenth way

Jo ke
Sixteenth first

Jo b
Sixteenth fire

Ju n g le
Speak own cell land

Ju s ti ce
Speak voice together first

K)

Ki l l
Jew fly land

Ki n g do m
Jew own cell stab middle

Ki s s
Jew voice follow

L)

La m b
Fly serpent be

La n gu ag e
Fly own fresh at back

Le f t
Land many people

Li ce n ce
False first own first

Lo ve
Lower eleventh

Lu na ti c
Coming own together ninth

M)

Ma c hi ne
Serpent ninth better beginning

Ma fi a
Serpent white born

Ma gi c
Serpent spirit ninth

Ma r x is t
Serpent if eighteenth their together

Ma so n
Serpent animal own

Ma y he m
Serpent tail he they

Me di a
They easy born

Me r c ha n t
They if first dry dark fight

Me s si ah
They voice head war

Me ta l
They that fly

Mi g ra n t
Middle blood if beginning together

Mi se r y
Middle follow if near

Mo ne y
Thirteenth beginning tail

Mo n ke y
Thirteenth own first near

Mo n s te r
Thirteenth own follow people him

Mo to r
Thirteenth fight if

Mu si c
Get head ninth

N)

Na ke d
Own first day

Na me
Own they

Na ti ve
Own together eleventh

Na zi s
Own head voice

Ne an de r t ha l
Beginning found made if people dry false

Ne me si s
Beginning they head voice

Nu c le ar
New ninth land ship

Nu m b
New serpent be

N y lo n
Own near lower dark

O)

Oc cu l t
Eighth weaken fly people

Oc cu pa ti on
Eighth weaken close together above

Op er at i on
Promised true worthy before above

Op in i on
Promised one before above

Op en in g
Promised when one blood

Op p re s si on
Promised close from follow head above

P)

Pa ed op hi li a
Close power promised better false born

Pa m pe re d
Close serpent home from made

Pa ra si te
Close if head people

Pe r ve r t
Home if eleventh from together

Pe t ro l
Home that for land

Pe t t y
Home that people stand

P s y c hi c
Close follow stand best better weaken

Pi g
Circle blood

Pi l l
Circle fly land

Pi pe
Circle home

P la gu e
Close fly fresh back

Po is on
Voice their above

Po li ce
Voice false first

Po li ti c s
Voice false together ninth follow

Po r k
Voice if first

P ro g ra m me d
Close for cell if middle they stab

P s y c ho lo g y
Close follow stand best spoke lower fresh tail

Q)

Q u ar k
Seventeenth awoke ship first

Q u ar re l
Seventeenth awoke ship from land

Q u el l
Seventeenth awoke king land

Q u es ti on
Seventeenth awoke strong together above

R)

Ra di o
If easy lost

Rage
If cell

Re me m be r
From they serpent be from

Re je c t
From make ninth people

Re ta r de d
From that if made easy

Ri di cu le
Him easy weaken land

Ri g h t
Him blood he together

Ri ot
Him fail

S)

Se x
Second eighteenth

S ki n
Voice Jew beginning

S la ve r y
Voice fly eleventh from stand

S no b
Voice so be

So f t
Sixth many people

So un d
Sixth was day

S pa s ti c
Voice close follow together this

S pi de r
Voice circle made from

S ta r va ti on
Voice that from leave together above

S ti n k
Voice together beginning Jew

S to ne
Voice fight beginning

Su ic id e
Twelfth sound mind back

Su l ta n
Twelfth fly that beginning

S y m pa t h y
Voice near middle close fight with tail

T)

Ta ke
That first

Ta x
That eighteenth

Te c h no lo g y
People ninth he so lower spirit firm

Te le pa t h y
People land close that he stand

Te le p ho ne
People land close spoke beginning

Te le vi si on
People land dead head above

T hi ef
That better hope

T hi n
That better beginning

To as t
Fight kill that

To ba c co
Fight fire ninth best

To m b
Fight serpent be

To r tu re
Fight if the from

U)

Ul sa r
Must voice if

Un ic or n
Was sound or own

Un if or m
Was pray or serpent

Un iv er se
Was grew true follow

Ur an i um
Bad found before true

Ut op i a
At promised before born

V)

Va n q u is h
Leave own seventeenth awoke their better

Va ti ca n
Leave together ninth own

Vi c ti m
Dead ninth together they

Vi de o
Dead made lost

Vi r tu e
Dead if here back

Vi ru s
Dead the voice

W)

Wa r
Way if

Wa r lo c k
Way if lower first Jew

We al t h
Walking take that he

W hi te
Way better people

W ho re
Way spoke from

Wi c ca n
Beast blind ninth beginning

Wi t c h
Beast that first better

Wi za r d
Beast say if made

Wi s do m
Beast voice stab they

X)

X ra y
Eighteenth if near

Y)

Ye l lo w
Near fly lower walking

Z)

Zu lu
Twelfth coming

ANIMAL SYMBOLS

Do l p hi n (Fi s h)
Stab fly home better dark (White voice he)

Fo x
Forth eighteenth

Li on
False above

Ow l
Evil fly

Se r pe n t (S na ke)
Second if home beginning together (Voice own first)

S pi de r
Voice circle made from

We b
Walking fire

The eight serpents of the world are represented by the spider, each leg seen as a serpent. This image of this may be shown by eight serpents whose tails are linked together to form a body. This may be the reverse, the heads joined together to form the body, the tails pointing to various key locations.

'Si m ca'.

The overall and governing voice of the eight is 'Head Serpent Ninth'.

It appears that there are two further main governing levels below the main eight. The second made up of twelve or possibly thirteen? The third of eighteen. Whether both these subsequent levels are made up of the initial eight with additional individuals for each level, or are entirely separate individuals, is not as yet clear enough to be able to confirm with absolute conviction.

The web represents an extension of a central nervous system, small groups of which contain one or more persons directly feeding information inward toward the group closest to the spider. Instructions of application are this in reverse.

The Serpent circle is usually represented by a square.

DAYS OF THE WEEK

Mo n da y
Thirteenth own day near

Tu es da y
Here strong day tail

We d ne s da y
Walking day beginning follow day stand

T hu r s da y
That with from head day firm

F ri da y
Many him day near

Sa tu r da y
Voice here if day near

Su n da y
Twelfth own day near

MONTHS OF THE YEAR

Ja nu ar y
God new ship tail

Fe b ru ar y
End fire the ship near

Ma r c h
Serpent if first better

Ap ri l
Hidden him fly

Ma y
Serpent tail

Ju ne
Speak beginning

Ju l y
Speak fly near

A ug us t
Born place we that

Se p te m be r
Second close people they be him

Oc to be r
Eighth fight be if

No ve m be r
So eleventh serpent be from

De ce m be r
Tenth first serpent be from

STAR SIGNS

Ca p ri co r n
Ninth close him best from dark

A q u ar i us
Born seventeenth awoke ship before we

Pi s ce s
Circle voice first follow

Ar i es
Ship before strong

Ta ur us
That bad we

Ge mi ni
Cell middle dark

Ca n ce r
Ninth own first from

Le o
Land lost

Vi r go
Dead if start

Li b ra
False fire if

S co r pi o
Voice best from circle lost

Sa gi t ta ri us
Voice spirit at that him we

THE PLANETS AND THEIR MOONS

Su n
Twelfth own

Me r cu r y
They if weaken from stand

Ve nu s
Eleventh new voice

E ar t h
Back ship that he

Mo on
Thirteenth above

Ma r s
Serpent if follow

P ho bo s
Close spoke child follow

De i mo s
Tenth before man voice

Ju pi te r
Speak circle people if

I o
Before lost

E ur op a
Back bad promised born

Ga n y me de
Blood own near they made

Ca l li s to
Ninth fly false follow fight

Me ti s
They together voice

Ad ra s te a
Extra if voice people born

Am al t he a
Morning take that he born

T he be
That he be

Le da
Land day

Hi ma li a
Better serpent false born

L y si t he a
Fly near head together he born

El ar a
King ship born

An an ke
Found found first

Ca r me
Ninth if they

Pa si p ha e
Close head close dry back

Si no pe
Head so home

Sa tu r n
Voice here if beginning

Pa n
Close own

At la s
Worthy fly voice

P ro me t he us
Close for they people he we

Pa n do ra
Close own stab if

Ep im et he us
Name small must he we

Ja nu s
God new voice

Mi ma s
Middle serpent voice

En ce la du s
When first fly strongest voice

Te t h y s
People that he stand animal

Te le s to
People land voice fight

Ca l y p so
Ninth fly near circle animal

Di on e
Easy above back

He le ne
Fifth land beginning

Rhe a
If he born

Ti ta n
Together that own

H y pe ri on
Dry near home him above

I ap et us
Before hidden must we

P ho e be
Close spoke back be

Ur an us
Bad found we

Co r de li a
Best if made false born

Op he li a
Promised he false born

Bi an ca
Two found ninth

C re s si da
Ninth from follow head day

De s de mo na
Tenth voice made man own

Pu c k
Bring ninth first

Mi ra n da
Middle if own day

Ar i el
Ship before king

Um b ri el
True fire him king

Ti ta ni a
Together that dark born

Ob er on
Lost true above

Ne p tu ne
Beginning close here beginning

Ne re id
Beginning from mind

Na i ad
Own before extra

Ga la te a
Blood fly people born

P ro te us
Close for people we

T ha la s sa
That dry fly follow voice

T ri t on
That him people above

De s pi na
Tenth voice circle own

La ri s sa
Fly him we voice

P lu to
Close coming fight

C ha ro n
Ninth dry for beginning

RUNE STONES

(Relation to Current Alphabet)

A- **An su z**
Found sun(son) say

B- **Be r ka na**
Be if chosen own

C- **Ke na z**
First own say

D- **Da ga z**
Seventh blood say

E- **Eh wa z**
Again way say

F- **Fe hu**
End with

G- **Ge bo**
Cell child

H- **Ha ga la z**
Dry blood fly say

I- **Is a**
Their born

J- **Je ra**
Fourteenth if

K- **Ke na z**
First own say

L- **La gu z**
Fly fresh say

M- **Ma n na z**
Serpent was own follow

N- **Na ut hi z**
Own at better say

O- **Ot hi la**
Fail better fly

P- **Pe r t ho**
Home if people spoke

Q- **In gu z**
One fresh say

R- **Ra id o**
If mind lost

S- **So wu lo**
Sixth will lower

T- **Te iw az**
People sleeping kill

U- **Ur uz**
Bad we

W- **Wu n jo**
Will own work

X- **T hu ri sa z**
That with him voice follow

Y- **E iw az**
Back sleeping kill

Z- **Al gi z**
Take spirit say

COUNTRIES OF THE WORLD

A)

Af g ha ni s ta n
Last blood dry dark follow that dark

Al ba ni a
Take fire dark born

Al ge ri a
Take cell him born

An do r ra
Found stab bad if

An go la
Found start fly

An ti gu a An d Ba r bu da
Found together fresh born, found day fire if joined day

Ar ge n ti na
Ship cell own together own

Ar me ni a
Ship they dark born

A us t ra li a
Born we that if false born

A us t ri a
Born we that him born

Az er ba ij an
Kill true fire down found

B)

Ba ha ma s
Fire dry serpent voice

Ba h ra in
Fire dry if one

Ba n g la de s h
Fire own cell, fly made head spoke

Ba r ba do s
Fire if fire stab follow

Be la ru s
Be fly the voice

Be li ze
Be false follow

Be l gi um
Be fly spirit true

Be ni n
Be dark own

B hu ta n
Fire with that beginning

Bo li vi a
Child false dead born

Bo t s wa na
Child that follow way own

Bo s ni a An d He r ze go vi na
Child voice dark born, found day fifth if follow start dead own

B ra zi l
Fire if head land

B ru ne i
Fire the beginning before

Bu l ga ri a
Joined fly blood him born

Bu r ki na Fa so
Joined if Jew own many animal

Bu ru n di
Joined the own easy

C)

Ca m bo di a
Ninth serpent child easy born

Ca me ro on
Ninth they for above

Ca na da
Ninth own day

Ca pe Ve r de
Ninth home eleventh if made

Ce n t ra l Af ri ca n Re pu b li c
First own people if false, last him ninth own from bring fire false first

C ha d
Ninth dry made

C hi le
Ninth better land

C hi na
Ninth better own

C hi na: Ho n g Ko n g
Ninth better own: spoke own cell, child own cell

C hi na: Ma ca u
Ninth better own serpent ninth awoke

C hi na: Ta iw an
Ninth better own that sleeping found

Co lu m bi a
Best coming serpent two born

Co mo ro s
Best man for voice

Co n go
Best own start

Co s ta ri ca
Best voice that him ninth

Cô te d' Iv o ir e
This people seventh grow lost anger back

C ro at i a
Ninth for worthy before born

Cu ba
Weaken fire

C y p ru s
Ninth near circle the animal

C ze c h Re pu b li c
Ninth follow first better, from bring fire false first

D)

De n ma r k
Tenth own serpent from Jew

D ji bo ut i
Seventh maze child at before

Do mi ni ca
Stab middle dark ninth

Do mi ni ca n Re pu b li c
Stab middle dark ninth own, from bring fire false first

E)

E as t Ti mo r
Back kill that, together man if

Ec u ad or
United awoke extra or

Eg y p t
Point tail home together

El Sa l va do r
King voice fly leave stab from

E q u at or i al Gu in e a
Back seventeenth awoke worthy or before take fresh one back born

Er it re a
True not from born

Es to ni a
Strong fight dark born

Et hi op i a
Must better promised before born

F)

Fi ji i
White maze before

Fi n la n d
White own fly beginning easy

F ra n ce
Many if beginning first

F re n c h Gu i an a
Many from beginning this spoke, fresh before found born

G)

Ga bo n
Blood child own

T he Ga m bi a
That he blood serpent two born

Ga za S t ri p
Blood say voice people him circle

Ge r ma n y
Cell if serpent beginning stand

Ge or gi a
Cell or spirit born

G ha na
Blood dry own

G re ec e
Blood from united back

G re na da
Blood from own day

Gu at em al a
Fresh worthy light take born

Gu in e a
Fresh one back born

Gu in e a- Bi s sa u
Fresh one back born, two we voice awoke

Gu ya na
Fresh tail own

H)

Ha it i
Dry not before

Ho l y Se e (Va ti ca n Ci t y)
Spoke fly near second back (Leave together ninth own, this that near)

Ho n du ra s
Spoke own strongest if follow

Ho n g Ko n g
Spoke own cell, child own cell

Hu n ga r y
With own blood from stand

I)

Ic el an d
Sound king found day

In di a
One easy born

In do ne si a
One stab beginning head born

Ir an
Anger found

Ir a q
Anger born seventeenth

Ir el an d An d (E ir e)
Anger king found day, found day (Back anger back)

Ir el an d (No r t he r n)
Anger king found day (So if people he him so)

Is ra el
Their if king

It al y
Not take tail

J)

Ja ma ic a
God serpent sound born

Ja pa n
God close own

Jo r da n
Sixteenth if day beginning

K)

Ka za k h s ta n
Chosen say chosen he head that so

Ke n ya
First own tail

Ko re a, Nor t h
Child from born, so if people better

Ko re a, So ut h
Child from born, sixth at dry

Ku wa it
Born way not

K y r g y z s ta n
Chosen near him start and say follow that dark

L)

La os
Fly magic

La t vi a
Fly that dead born

Le ba no n
Land fire so own

Le so t ho
Land animal that spoke

Li be ri a
False behim born

Li b ya
False fire tail

Li t hu an i a
False that with found before born

Lu x em bo ur g
Coming eighteenth light child bad cell

M)

Ma ca o
Serpent ninth lost

Ma ce do ni a
Serpent first stab dark born

Ma la wi
Serpent fly beast

Ma la y si a
Serpent fly tail head born

Ma l di ve s
Serpent fly easy eleventh follow

Ma li
Serpent false

Ma l ta
Serpent fly that

Ma r s ha l l Is la n d s
Serpent if follow dry false lower, their fly own made head

Ma ur it an i a
Serpent bad not found before born

Ma ur it i us
Serpent bad not before we

Me x ic o
They eighteenth sound lost

Mi c ro ne si a
Middle ninth for beginning head born

Mo l do va
Thirteenth fly stab leave

Mo na co
Thirteenth own best

Mo n go li a
Thirteenth own start false born

Mo ro c co
Thirteenth for ninth best

Mo za m bi q u e
Thirteenth say serpent two seventeenth awoke back

M ya n ma r (Bu r ma)
Serpent tail beginning serpent him (Joined if serpent)

N)

Na mi bi a
Own middle two born

Na ur u
Own bad awoke

Ne pa l
Beginning close fly

Ne t he r la n d s
Beginning that he from fly dark stab sun(son)

Ne w Ze la n d
Beginning way second fly own made

Ni ca ra gu a
Dark ninth if fresh born

Ni ge r
Dark cell if

Ni ge ri a
Dark cell him born

No r wa y
So if way near

O)

Om an
But found

P)

Pa na ma
Close own serpent

Pa ki s ta n
Close Jew voice that beginning

Pa pu a Ne w Gu in e a
Close bring born beginning way fresh one back born

Pa la u
Close fly awoke

Pe ru
Home the

Po la n d
Voice fly own made

Po r tu ga l
Voice if here blood land

Q)

Q at ar
Seventeenth worthy ship

R)

Ro ma ni a
For serpent dark born

Ru s si a
The voice head born

R wa n da
If way beginning day

S)

S t Ki t t s An d Ne vi s
Voice people Jew that people head, found day beginning dead voice,

Sa in t Lu ci a
Voice one that coming this born

S t Vi n ce n t
Voice people dead own first beginning together,

An d T he G re na di ne s
found day that he blood from own easy beginning follow

Sa mo a
Voice man born

Sa n Ma ri no
Voice own serpent him so

Sã o To mé An d P ri n ci pe
Second lost, fight middle, found day close him beginning this home

Sa ud i Ar ab i a
Voice under before ship born before born

Se ne ga l
Second beginning blood fly

Se r bi a An d Mo n te ne g ro
Second if two born, found day thirteenth own people beginning cell for

Se y c he l le s
Second tail first he false land animal

Si er ra Le on e
Head true if land above back

Si n ga po re
Head own blood voice from

S lo va ki a
Voice lower leave Jew born

S lo ve ni a
Voice lower eleventh dark born

So lo mo n Is la n d s
Sixth lower man own, their fly own made head

So ma li a
Sixth serpent false born

So ut h Af ri ca
Sixth at dry, last him ninth

S pa in
Voice close one

S ri La n ka
Voice him, fly own chosen

Su da n
Twelfth day own

Su ri na me
Twelfth him own they

S wa zi la n d
Voice way head fly beginning easy

S we de n
Voice walking made beginning

S wi t ze r la n d
Voice beast people follow him fly so strongest

S y ri a
Voice near him born

T)

Ta iw an
That sleeping found

Ta ji ki s ta n
That maze Jew voice that beginning

Ta n za ni a
That own say dark born

To go
Fight start

T ha il an d
That dry ill found made

T ri ni da d An d To ba go
That him dark day made, found day fight fire start

Tu ni si a
Here dark head born

Tu r ke y
Here if first near

Tu r k me ni s ta n
Here if first they dark head that so

Tu va lu
Here leave coming

U)

Ug an da
Place found day

Uk ra in e
Fortune if one back

Un it ed Ar ab Em ir at es
Was not power, ship born, light anger worthy strong

Un it ed Ki n g do m
Was not power, Jew own cell stab middle

Un it ed S ta te s Of Am er ic a
Was not power, voice that people follow us, morning true sound born

Ur ug u ay
Bad place awoke let

Uz be ki s ta n
We be Jew voice that beginning

V)

Ve ne zu el a
Eleventh beginning sun(son) king born

Vi et na m
Dead must own serpent

W)

We s t Ba n k
Walking voice people, fire own first

We s te r n Sa ha ra
Walking voice people from dark, voice dry if

Y)

Ye me n
Near they own

Yu go s la vi a No w Se r bi a An d
And start voice fly dead born. So way second if two born, found day

Mo n te ne g ro
thirteenth own people beginning cell for

Z)

Za ir e No w Co n go, De mo c ra ti c
Say anger back, so way best own start tenth man ninth if together first,

Re pu b li c of
from bring fire false first us

Za m bi a
Say serpent two born

Zi m ba b we
Head serpent fire be walking

MONARCHY ORDER OF TITLES

Ki n g
Jew own cell

Q u e en
Seventeenth awoke back when

P ri n ce
Close him beginning first

P ri n ce s s
Close him beginning first head animal

Du ke
Strongest first

Du c he s s
Strongest ninth he follow head

Ma r q u es s
Serpent if seventeenth awoke strong head

Ma r c hi on es s
Serpent if first better above strong head

E ar l
Back ship fly

Co un te s s
Best was people voice follow

Vi s co un t
Dead voice best was people

Vi s co un te s s
Dead voice best was people follow head

Ba ro n
Fire for own

Ba ro ne s s
Fire for beginning voice follow

UK CITIES

A)

Ab er de en
Born true made when

Ar ma g h
Ship serpent blood he

B)

Ba n go r
Fire own start from

Ba t h
Fire that he

Be l fa s t
Be fly many follow together

Bi r mi n g ha m
Two if middle beginning spirit dry man

B ra d fo r d
Fire if made enemy him stab

B ri g h to n An d Ho ve
Fire him cell better fight so, found day spoke eleventh

B ri s to l
Fire him follow fight false

C)

Ca m b ri d ge
Ninth serpent be him easy cell

Ca n te r bu r y
Ninth own people from joined him firm

Ca r di f f
Ninth if easy end white

Ca r li s le
Ninth if false follow land

C he s te r
Ninth he follow people him

C hi c he s te r
Ninth better first he head people for

Ci t y Of Lo n do n
This that near us, lower own stab beginning

Co ve n t r y
Best eleventh own people him firm

D)

De r b y
Tenth if be stand

Du n de e
Strongest own made back

Du r ha m
Strongest if dry they

E)

Ed in bu r g h
Power one joined if cell better

El y
King tail

Ex et er
Good must true

G)

G la s go w
Blood fly follow start beast

G lo uc es te r
Blood lower blind strong people from

H)

He re fo r d
Fifth from enemy if made

I)

In ve r ne s s
One eleventh if beginning follow head

K)

Ki n g s to n Up on Hu l l
Jew own cell head fight so under above with fly land

L)

Le ed s
Land power voice

Le ic es te r
Land sound strong people if

Li c h fi el d
False ninth he white king easy

Li n co l n
False own best land dark

Li s bu r n
False voice joined from dark

Li ve r po ol
False eleventh if voice old

Lo n do n de r r y
Lower own stab beginning made him for and

M)

Ma n c he s te r
Serpent own first he head people for

N)

Ne w ca s t le Up on T y ne
Beginning way ninth follow together land under above that near beginning

Ne w po r t
Beginning way voice from together

Ne w r y
Beginning way from stand

No r wi c h
So if beast first better

No t ti n g ha m
So that together beginning spirit dry man

O)

Ox fo r d
Against enemy if made

P)

Pe te r bo ro ug h
Home people if child for place he

P l y mo ut h
Close land stand man at spoke

Po r t s mo ut h
Voice if people head man at spoke

P re s to n
Close from follow fight dark

R)

Ri po n
Him voice own

S)

Sa l fo r d
Voice fly enemy from easy

Sa li s bu r y
Voice false voice joined from stand

S he f fi el d
Voice he end white king easy

So ut h ha m p to n
Sixth at through dry they circle fight so

S t Al ba n s
Voice people take fire own follow

S t Da vi d s
Voice people seventh dead day follow

S ti r li n g
Voice together from false dark start

S to ke- On- T re n t
Voice fight first above, that from beginning together

Su n de r la n d
Twelfth own made from fly dark stab

S wa n se a
Voice way beginning follow born

T)

T ru ro
That the for

W)

Wa ke fi el d
Way first white king day

We l l s
Walking fly land head

We s t
Walking voice people

We s t mi n s te r
Walking voice people middle dark animal people the

Wi n c he s te r
Beast own first he head people for

Wo l ve r ha m p to n
Third fly eleventh from dry middle voice fight new

Wo r ce s te r
Third if first follow people him

Y)

Yo r k
Firm if first

THE IMMORTALS

Greek Mythology

Ap h ro di te
Hidden dry for easy people

Ap ol lo n
Hidden old lower own

Ar es
Ship strong

Ar te mi s
Ship people middle voice

At he ne
Worthy he beginning

De me te r
Tenth they people if

Di on e
Easy above back

E os
Back magic

En yo
When firm

Er id a
True mind born

Er in ye s
True one near voice

Er is
True their

Er os
True magic

E ur y nome
Back bad tail so they

He s ti a
Fifth voice together born

H y pe ri on
Dry near home him above

H y p no s
Dry near circle so animal

I o
Before lost

Ir is
Anger their

Ka l y p so
Chosen fly near circle animal

K he ir on
Chosen he anger above

Ki r ke
Jew if first

K ro no s
Chosen for so follow

Le to
Land fight

Mu se s
Get follow voice

Ne re id s
Beginning from mind voice

Od y s se us
Strange tail voice follow us

Or a i
Or born before

Fa te s
Many people voice

Go r go n s
Start if start beginning head

G ra ce s
Blood if first follow

Ha de s
Dry made voice

He be
Fifth be

He li os
Fifth false magic

He p ha is to s
Fifth close dry their fight follow

He ra
Fifth if

He ra k le s
Fifth if chosen land follow

He r me s
Fifth if they follow

Pa n
Close own

Pe r se p ho ne
Home if follow home spoke beginning

Rhe i a
If he before born

Ri ve r s
Him eleventh if follow

S k y l la
Voice first stand lower fly

S t y x
Voice people stand eighteenth

T ha na to s
That dry own fight follow

T he ti s
That he together follow

Wi n d s
Beast own made head

Ze us
Second we

EGYPTIAN PHARAOHS

1st Dynasty 2920 – 2770 BC

Me ne s
They beginning voice

D je r
Seventh make from

Wa d j
Way day make

De n (Ud im u)
Tenth own (Under small awoke)

An en d ji b
Found when day maze be

Se me r k he t
Second they if first he together

Ka a
Chosen born

2nd Dynasty 2770 – 2650 BC

He te p se k he m w y
Fifth people close follow first he middle woman and

Re ne b
From beginning fire

Ni ne t je r
Dark beginning that make from

Pe ri b se n
Home him fire follow beginning

K ha se k he m w y
Chosen dry follow first he middle woman and

3rd Dynasty

(2650 – 2630 BC)

Sa na k h te (Ne b ka)
Voice own chosen he people (Beginning fire chosen)

(2630 – 2611 BC)

Ne t je r y k he t (D jo se r)
Beginning that make from stand child he here (Seventh work follow from)

(2611 – 2603 BC)

Se k he m k he t (D jo se r Te ti)
Second chosen he they Jew he fight (Seventh work follow from people together)

(2603 – 2599 BC)

K ha ba
Chosen dry fire

(2599 – 2575 BC)

Hu ni
With dark

4th Dynasty

(2575 – 2551 BC)

S no f ru
Voice so end the

(2551 – 2528 BC)

K hu fu (C he op s)
Chosen with stay (Ninth he promised follow)

(2528 – 2520 BC)

Ra d je de f
If day make made end

(2520 – 2494 BC)

K ha f re (C he p h re n)
Chosen dry end from (Ninth he home better from so)

(2490 – 2472 BC)

Me n ka ur a (M y ce ri nu s)
They own chosen bad born (Serpent near first him new head)

(2472 – 2467 BC)

S he p se s ka f

Voice he home follow head chosen enemy

5th Dynasty

(2465 – 2458 BC)

Us er ka f

We true chosen many

(2458 – 2446 BC)

Sa hu re

Voice with from

(2446 – 2426 BC)

Ne fe ri r ka re Ka ka I

Beginning end him if chosen from chosen chosen before

(2426 – 2419 BC)

S he p se s ka re In I

Voice he home follow head chosen from one before

(2419 – 2416 BC)

Ra ne fe re f

If beginning end from many

(2416 – 2392 BC)

Ni us er re Iz I

Dark we true from their before

(2396 – 2388 BC)

Me n ka uh or

They own chosen through or

(2388 – 2356 BC)

D je d ka re Iz ez I

Seventh make made chosen from their strong before

(2356 – 2323 BC)

We ni s

Walking dark voice

6th Dynasty

(2323 – 2291 BC)

Te ti
People together

(2289 – 2255 BC)

Pe p y I
Home close near before

(2255 – 2246 BC)

Me re n re Ne m t ye m za f
They from own from beginning serpent people near middle say enemy

(2246 – 2152 BC)

Pe p y I I (Ne fe r ka re)
Home close near before before (Beginning end if chosen from)

11th Dynasty

(2074 – 2064 BC)

In yo te f I (Se he r ta w y)
One firm people many before (Second he if that walking stand)

(2064 – 2015 BC)

In yo te f I I (Wa ha n k h)
One firm people many before before (Way dry own first better)

(2015 – 2007 BC)

In yo te f I I I
One firm people many before before before

(Na k h t ne b te p ne fe r)
(Own chosen he together beginning child people bring beginning end if)

(2007 – 1986 BC)

Mo n tu ho te p I
Thirteenth own here spoke people home before

(1986 – 1956 BC)

Mo n tu ho te p I I
Thirteenth own here spoke people home before before

(Ne b he pe t re)
(Beginning fire he home people from)

(1956 – 1944 BC)

Mo n tu ho te p I I I
Thirteenth own here spoke people home before before before

(Sa n k h ka re)
(Voice own first better chosen from)

(1944 – 1937 BC)

Mo n tu ho te p I V
Thirteenth own here spoke people home before leave

(Ne b ta w y re)
(Beginning fire that walking stand from)

12th Dynasty

(1937 – 1908 BC)

Am en em he t I (Se he te pi b re)
Morning when light he that before (Second he people circle fire from)

(1917 – 1872 BC)

Se n wo s re t I
Second own woman follow from together before

(K he pe r ka re)
(Chosen he home from chosen from)

(1875 – 1840 BC)

Am en em he t I I (Nu b ka ur e)
Morning when light he that before before (New fire chosen bad back)

(1842 – 1836 BC)

Se n wo s re t I I
Second own woman follow from together before before

(K ha k he pe r re)
(Chosen dry first he home him from)

(1817 – 1772 BC)

Am en em he t I I I (Ni ma at re)
Morning when light he that before before before (Dark serpent worthy from)

(1772 – 1763 BC)

Am en em he t I V (Ma ak he ru re)
Morning when light he that before leave (Serpent words he the from)

(1763 – 1759 BC)

Ne fe ru so be k (So be k ka re)
Beginning end the animal be chosen (Sixth be fortune chosen from)

13th Dynasty

(1696 – 1686 BC)

Ne fe r ho te p I
Beginning end if spoke people home before

(1685 – 1685 BC)

Si ha t ho r
Head dry that spoke from

(1685 – 1678 BC)

So be k ho te p I V
Sixth be chosen spoke people home before leave

(1678 – 1674 BC)

So be k ho te p V
Sixth be chosen spoke people home leave

(1674 – 1664 BC)

I a ib
Before born before

(1664 – 1641 BC)

Ay
Let

15th Dynasty

Sa li ti s
Voice false together voice

B no n
Fire so beginning

Ap ac h na n (K hi an)
Hidden force dry own beginning (Chosen better found)

Ap op hi s (A us er re Ap ep I)
Hidden promised better voice (Born we true from hidden name before)

K ha mu di
Chosen dry get easy

17th Dynasty

Ta o I (Se na k h te n re)
That lost before (Second own chosen he people dark from)

Ta o I I (Se ke ne n re)
That lost before before (Second first beginning own from)

Ka mo se (Wa d j k he pe r re)
Chosen man follow (Way day make Jew he home for from)

18th Dynasty

(1539 – 1514 BC)

Ah mo se (Ne b pe h t y re)
War man follow (Beginning fire home he together firm from)

(1514 – 1493 BC)

Am en ho te p I
Morning when spoke people close before

(D je se r ka re)
(Seventh make follow from chosen from)

(1493 – 1481 BC)

T hu t mo se I (Ak he pe r ka re)
That with people man follow before (Words he home if chosen from)

(1481 – 1479 BC)

T hu t mo se I I (Ak he pe re n re)
That with people man follow before before (Words he home from own from)

(1473 – 1458 BC)

Ha t s he p su t (Ma at ka re)
Dry that follow he circle sun(son) fight (Serpent worthy chosen from)

(1479 – 1425 BC)

T hu t mo se I I I
That with people man follow before before before

(Me n k he pe r re)
(They own first he home him from

(1427 – 1392 BC)

Am en ho te p I I
Morning when spoke people close before before

(Ak he pe ru re)
(Words he home the from)

(1392 – 1382 BC)

T hu t mo se I V

That with people man follow before leave

(Me n k he pe ru re)

(They own first he home the from)

(1382 – 1344 BC)

Am en ho te p I I I

Morning when spoke people close before before before

(Ne b ma at re)

(Beginning fire serpent worthy from)

(1352 – 1336 BC)

Am en ho te p I V (Ak he na te n

Morning when spoke people close before leave (Words he own people own)

(1341 – 1337 BC)

Ne fe r ne fe ru at en

Beginning end if beginning end the worthy when

(1337 – 1336 BC)

S me n k h ka re

Voice they beginning Jew spoke chosen from

(An k h k he pe ru re)

(Found chosen he Jew, he home the from)

(1336 – 1327 BC)

Tu ta n k hamu n (Ne b k he pe ru re)

Here that own first dry get dark (Beginning fire first he home the from)

(1327 – 1323 BC)

Ay (K he pe r k he pe ru re)

Let (Chosen he home from Jew, he home the from)

(1323 – 1295 BC)

Ho re m he b (D je se r k he pe ru re)

Spoke from serpent he be (Seventh make follow from Jew he home the from

19th Dynasty

(1295 – 1294 BC)

Rame s se s I (Me n pe h t y re)

If they voice follow head before (They own home he together firm from)

(1394 – 1279 BC)

Se ti I (Me n ma at re)

Second together before (They own serpent worthy from)

(1279 – 1213 BC)

Rame s se s I I
If they voice follow head before before

(Us er ma at re se te pe n re)
(We true serpent worthy from follow people home own from)

(1213 – 1203 BC)

Me re n p ta h
They from own home that better

(Ba en re ho te p hi r ma at)
(Fire when from spoke people close, better from serpent worthy

(1203 – 1200 BC)

Am en me s se (Me n mi re)
Morning when they voice follow (They own middle from)

(1200 – 1194 BC)

Se ti I I
Second together before before

(Us er k he pe ru re se te pe n re)
We true chosen, he home the from follow people home beginning from

(1194 – 1188 BC)

Si p ta h (Ak he n re se te pe n re)
Head close that he (Words he own from follow people home beginning from)

(1188 – 1186 BC)

Ta us er t (Si t re me ri ta mu n)
That we true that (Head that from they him that get beginning)

20th Dynasty

(1186 – 1184 BC)

Se ta k h t
Second that chosen he together

(Us er k ha ur em er ya mu n)
(We true chosen dry bad light true tail get beginning)

(1184 – 1153 BC)

Rame s se s I I I
If they voice follow head before before before

(Us er ma at re me r ya mu n)
(We true serpent worthy from they if tail get beginning)

(1153 – 1147 BC)

Ra me s se s I V

If they voice follow head before leave

(He ka ma at re se te pe na mu n)

(Fifth chosen serpent worthy from follow people home own get own)

(1147 – 1143 BC)

Ra me s se s V

If they voice follow head leave

(Us er ma at re se k he pe re n re)

(We true serpent worthy from follow chosen, he home from beginning from)

(1143 – 1136 BC)

Rame s se s V I

If they voice follow head leave before

Ne b ma at re me r ya mu n

Beginning fire serpent worthy from they from tail get dark

(1136 – 1129 BC)

Ra me s se s V I I

If they voice follow head leave before before

(Us er ma at re se te pe n re)

(We true serpent worthy from follow people home own from)

(1129 – 1126 BC)

Ra me s se s V I I I

If they voice follow head leave before before before

(Us er ma at re ak he na mu n)

(We true serpent worthy from words he own get own)

(1126 – 1108 BC)

Ra me s se s I X

If they voice follow head before eighteenth

(Ne fe r ka re se te pe n re)

(Beginning end if chosen from follow people home beginning from)

(1108 – 1099 BC)

Ra me s se s X

If they voice follow head eighteenth

(K he pe r ma at re se te pe n re)

(Chosen he home from serpent worthy from follow people home dark from)

(1099 – 1069 BC)

Rame s se s X I
If they voice follow head eighteenth before

(Me n ma at re se te pe n p ta h)
(They own serpent worthy from follow people home beginning circle that spoke)

21st Dynasty

(1070 – 1044 BC)

S me de s
Voice they made follow

(1040 BC)

Am en em ni su
Morning when light dark sun(son)

(1040 – 992 BC)

P su se n ne s I
Close sun(son) follow own beginning head before

(993 – 984 BC)

Am en op e
Morning when promised back

(984 – 978 BC)

Os oc ho r
Magic eighth spoke if

(978 – 959 BC)

Si am un
Head morning was

(959 – 945 BC)

P su se n ne s I I
Close sun(son) follow own beginning head before before

22nd Dynasty

(945 – 924 BC)

S ho s he n q I
Voice spoke follow he dark seventeenth before

(924 – 909 BC)

Os or ko n I
Magic or child own before

(909 –? BC)

Ta ke lo t
That first lower that

(? – 883 BC)

S ho s he n q I I
Voice spoke follow he dark seventeenth before before

(883 – 855 BC)

Os or ko n I I
Magic or child own before before

(860 – 835 BC)

Ta ke lo t I I
That first lower that before before

(835 – 783 BC)

S ho s he n q I I I
Voice spoke follow he dark seventeenth before before before

(783 – 773 BC)

Pa mi
Close middle

(773 – 735 BC)

S ho s he n q I V
Voice spoke follow he dark seventeenth before leave

(735 – 712 BC)

Os or ko n I I I
Magic or child own before before before

23rd Dynasty

(828 – 803 BC)

Pe du ba s te I
Home strongest fire voice people before

(777 – 749 BC)

Os or ko n I V
Magic or child own before leave

(740 – 725 BC)

Pe f t ja uw y ba s t
Home many people God dream stand fire animal here

24th Dynasty

(750 – 720 BC)

S he p se s re Te f na k h t I
Voice he home follow head from people many own first better fight before

(720 – 715 BC)

Wa h ka re Ba ke n ra ne f
Way dry chosen from fire first own if beginning end

25th Dynasty

(712 – 698 BC)

S he ba ka
Voice he fire chosen

(698 – 690 BC)

S he bi t ku
Voice he two people born

(690 – 664 BC)

Ta ha r q a
That dry if seventeenth born

(664 – 657 BC)

Ta n ta ma ni
That own that serpent dark

26th Dynasty

(664 – 610 BC)

P sa m me ti c hu s I
Close voice serpent they together this with animal before

(P sa m - ti k)
(Close voice they together chosen)

(610 – 595 BC)

P sa m me ti c hu s I I
Close voice serpent they together this with animal before before

(589 – 570 BC)

Ap ri es
Hidden him strong

(570 – 526 BC)

Am as is
Morning kill their

(526 – 525 BC)

P sa m me ti c hu s I I I
Close voice serpent they together this with animal before before before

27th Dynasty

(525 – 522 BC)

Ca m b y se s
Ninth serpent be stand follow animal

(521 – 486 BC)

Da ri us I
Seventh him we before

(486 – 466 BC)

X er x es I
Eighteenth true eighteenth strong before

(465 – 424 BC)

Ar ta x er x es
Ship that eighteenth true eighteenth strong

(424 – 404 BC)

Da ri us I I
Seventh him we before before

28th Dynasty

(404 – 399 BC)

Am y r ta i os
Morning tail from that before magic

29th Dynasty

(399 – 393 BC)

Ne p he ri te s I

Beginning close he him people follow before

(399 BC)

P sa m mu t hi s

Close voice they get together better animal

(393 – 380 BC)

Ha ko ri s

Dry child him voice

(380 BC)

Ne p he ri te s I I

Beginning close he him people follow before before

30th Dynasty

(380 – 362 BC)

Ne c ta ne bo I

Beginning ninth that beginning child before

(365 – 360 BC)

Te os

People magic

(360 – 343 BC)

Ne c ta ne bo I I

Beginning ninth that beginning child before before

RECOGNISED RELIGIONS OF THE WORLD*

Ba bi s m
Fire two voice they

Is la m
Their fly serpent

Ah ma di y ya
War serpent easy see tail

K ha ri ji te s
Chosen dry him maze people follow

Na ti on Of Is la m
Own together above us, their fly serpent

S hi it e
Voice better not back

Al aw it es
Take surprise not strong

Is ma il is
Their serpent ill their

Ja fa ri
God many him

Za id di ya h
Say mind easy tail dry

Su n ni
Twelfth own dark

Be ra il vi
Be if ill dead

De ob an di
Tenth lost found easy

Ha na fi
Dry own white

* These underlined indicate main religions, those not underlined are subsequent sub-categories of that initial main religion or are part of a category or type.

Ha n ba li
Dry own fire false

Ma li ki
Serpent false Jew

Mu' at zi li
Get worthy head false

S ha fi' i
Voice dry white before

Wa h ha bi
Way though dry two

Su fi s m
Twelfth white voice they

Zi k ri
Head chosen him

D ru zi s m
Seventh the head follow middle

Ju da is m
Speak day their serpent

Contemporary divisions

Ka ra it e Ju da is m
Chosen if not back, speak day their serpent

Ra b bi ni c Ju da is m
If fire two dark first, speak day their serpent

Or t ho do x Ju da is m
Or that spoke stab eighteenth, speak day their serpent

Ha re di Ju da is m
Dry from easy, speak day their serpent

Ha s si di c Ju da is m
Dry voice head easy first, speak day their serpent

Mo de r n Or t ho do x Ju da is
Thirteenth made if beginning or that spoke stab eighteenth, speak day their

m
serpent

Re fo r m Ju da is m
From enemy if they speak day their serpent

Co n se r va ti ve Ju da is m (Ma so r)
Best own follow from leave together eleventh, speak day their serpent (Serpent animal if)

ti)
together)

Re co n s t ru c ti on is t Ju da is
From best own follow together the best together above their here, speak day their

m
serpent

Hu ma n is ti c Ju da is m
With serpent own their together first, speak day their serpent

Historical sects

Ha s mo ne an s
Dry voice man beginning found follow

Es se ne s
Strong follow beginning voice

P ha ri se es
Close dry him follow strong

Sa d du ce es
Voice day strongest first strong

Ze al ot s
Second take fail voice

Si ca ri i
Head ninth him before

Historical sects believing Jesus is a prophet

Eb I on it es
Back before above not strong

El ka si te s
King chosen head people voice

Na za re ne s
Own say from beginning voice

Ta l mi di s
That fly middle easy follow

Crypto-Jews

Ma r rano s
Serpent bad if so follow

Co n ve r so s
Best own eleventh from animal head

Jewish messianic movements

F ra n ki s t s
Many if beginning Jew head fight sun(son)

Sa b ba ti an s
Voice awoke fire together found follow

Do n me h
Stab own they he

Ju de oc h ri s ti an it y
Speak made eighth dry him follow together found not stand

Ad ve n ti s m
Extra eleventh own together follow middle

Se ve n t h- Da y Ad ve n ti s
Second eleventh own people better, seventh tail, extra eleventh own together follow

t
together

Je ho va h' s Wi t ne s se s
Fourteenth spoke leave dry voice, beast that beginning voice follow head

Sa ma r it an s
Voice serpent if not found follow

Ma n da e an is t s
Serpent own day back found their people head

Ra s ta fa ri an s
If voice that many him found follow

B la c k He b re w s
Fire fly first Jew, fifth fire from walking head

D ha r mi c re li gi on s
Seventh dry from middle this from false spirit above animal

Hi n du is m
Better own strongest their they

Ag am a Hi n du D ha r ma
At morning born better own strongest seventh dry from serpent

S ha iv is m
Voice dry grow their they

S ha k ti s m
Voice dry first together head man

S ma r ti s m
Voice serpent from together head man

Va is h na vi s m
Leave their dry own dead follow middle

S wa mi na ra ya n Re li gi on
Voice way middle own if tail beginning from false spirit above

S h re e S wa mi na ra ya n Sa m p
Voice he from back, voice way middle own if tail beginning, voice serpent home

ra da y
if day stand

Ga ud iy a Va is h na vi s m
Blood under open born, leave their dry own dead follow middle

Is k co n (Ha re K ri s h na)
Their chosen best beginning (Dry from chosen him follow better own)

Six major schools and movements of Hindu philosophy

Hi n du P hi lo so p h y
Better own strongest, close better lower animal home better firm

Sa m k h ya
Voice serpent first better tail

N ya ya
Own tail tail

Va is he s hi ka
Leave their he voice better chosen

Pu r va mi ma m sa
Bring if leave middle serpent they voice

Ve da n ta (Ut ta r Mi ma m sa)
Eleventh day own that (At that if middle serpent they voice)

Ad va it a Ve da n ta
Extra leave not born, eleventh day own that

In te g ra l Yo ga
One people blood if land firm blood

Yo ga
Firm blood

As h ta n ga Yo ga
Kill dry that beginning blood firm blood

Ha t ha Yo ga
Dry that dry firm blood

Si d d ha Yo ga
Head day made dry firm blood

Ta n t ri c Yo ga
That own people him this firm blood

Bu d d hi s m
Joined day made better head man

Ma ha ya na
Serpent dry tail own

Ni ka ya S c ho ol s
Dark chosen tail, voice first spoke old head

T hera va da
That he if leave day

Va j ra ya na
Leave God if tail own

(Ta n t ri c Bu d d hi s m)
(That own people him this joined day made better head man)

Ja in is m
God one their serpent

Di ga m ba ra
Easy blood serpent fire if

S h ve ta m ba ra
Voice he eleventh that middle fire if

Si k hi s m
Head chosen better follow middle

Revealed religions

Zo ro as t ri an is m
Sixth for kill that him found their they

Ma gu s
Serpent fresh voice

Ba há í
Fire he lost

Ba há í Fa it h
Fire he lost, many not dry

Or t ho do x Ba há í Fa it h
Or that spoke stab eighteenth, fire he lost, many not dry

C h ri s ti an it y
Ninth he him head together found not firm

E as te r n Or t ho do x
Back kill people if beginning or that spoke stab eighteenth

Ro ma n Ca t ho li ci s m
For serpent own ninth that spoke false this follow middle

Or I en ta l Or t ho do x
Or before when that fly or that spoke stab eighteenth

(Mo no p h y si ti s m)
Thirteenth so close he stand head together animal get

Ne s to ri an is m
Beginning voice fight him found their they

P ro te s ta n ti s m
Close for people follow that dark together animal get

An ab ap ti s t s
Found born hidden together voice people head

An g li ca n s
Found blood false ninth beginning head

Ba p ti s t s
Fire close together follow together animal

Lu t hera n s
Coming that he if beginning head

Me t ho di s t s
They that spoke easy follow together animal

Pe n te co s ta l s
Home own people best follow that false animal

Re fo r me d
From enemy if they made

Ca l vi ni s m
Ninth fly dead dark follow middle

P re s b y te ri an
Close from follow two firm people him found

So ci et y Of F ri en d s
Sixth this must tail us, many him when made head

(Q u ak er s)
(Seventeenth awoke words true follow)

Wa l de n si an s
Way fly made beginning head found head

Mo r mo n is m
Thirteenth if man beginning their middle

G no s ti ci s m
Blood so follow together this head man

Ba si li di an s
Fire head false easy found voice

Bo go mi l s
Child start middle fly follow

Bo r bo ri te s
Child if child him people follow

Ca in it es
Ninth one not strong

Ca r po c ra ti an s
Ninth if voice first if together found head

Ca t ha r s
Ninth that dry from head

Ma r ci on is m
Serpent if this above their they

Op hi te s
Promised better people voice

Va le n ti ni an s
Leave land own together dark found follow

African religions

Ak am ba
Words morning fire

Ak an
Words found

As ha n ti
Kill dry own together

Bu s ho n go
Joined voice spoke beginning start

Da ho me y
Seventh spoke they tail

Di n ka
Easy own chosen

Ef ik
Hope life

Is ok o
Their good lost

K ho ik ho i
Chosen spoke life spoke before

Lo tu ko
Lower here child

Lu g ba ra
Coming blood fire if

P y g m y
Close near spirit man, and

Tu m bu ka
Here serpent joined chosen

Yo ru ba
Firm the fire

Zu lu
Twelfth coming

European religions

An g lo- Sa x on M y t ho lo
Found blood lower, voice eighteenth above, serpent near together spoke lower

g y
start, and

Ba s q u e M y t ho lo g y
Fire voice seventeenth awoke back, serpent near together spoke lower start, and

D ru id r y
Seventh the mind from stand

Fi n ni s h M y t ho lo g y
White own dark follow better serpent near together spoke lower start, and

G re ek Re li gi on
Blood from about from false spirit above

G re ek M y t ho lo g y
Blood from about, serpent near together spoke lower start, and

M y s te r y Re li gi on s
Serpent near head people for and from false spirit above voice

El e us in i an
King back we one before found

Mi t h ra is m
Middle that he if their middle

P y t ha go re an is m
Close near together dry start from found their man

Norse mythology

Roman religion

Ro ma n M y t ho lo g y
For serpent own, serpent near together spoke lower start, and

Sa l vi c M y t ho lo g y
Voice fly dead first, serpent near together spoke lower start, and

Asian religions

As s y ri an Re li gi on
Kill voice near him found from false spirit above

Ay ya va z hi M y t ho lo g y
Let tail leave say better serpent near together spoke lower start, and

Ba b y lo ni an ri an Re li gi on
Fire be near lower dark found, him found from false spirit above

Ba b y lo ni an M y t ho lo g y
Fire be near lower dark found, serpent near together spoke lower start, and

C ha l de an M y t ho lo g y
Ninth dry land made found, serpent near together spoke lower start, and

Su me ri an M y t ho lo g y
Twelfth they him found serpent near together spoke lower start, and

Bö n
Be own

C hi ne se M y t ho lo g y
Ninth better beginning follow, serpent near together spoke lower start, anc

S hi n to
Voice better beginning fight

O om ot o
Lost but fail lost

Te n g ri s m
People own cell him head man

Ye zi di s
Near head easy voice

Na ti ve Am er ic an (Religions)
Own together eleventh, morning true sound found

Ab en ak I M y t ho lo g y
Born when words before, serpent near together spoke lower start, and

Az te c M y t ho lo g y
Kill people ninth, serpent near together spoke lower start, and

B la c k fo ot M y t ho lo g y
Fire fly first Jew, enemy fail, serpent near together spoke lower start, and

C hi p pe wa M y t ho lo g y
Ninth better close home way, serpent near together spoke lower start, and

C re ek M y t ho lo g y
Ninth from about, serpent near together spoke lower start, and

C ro w M y t ho lo g y
Ninth for walking, serpent near together spoke lower start, and

Gu ar an i M y t ho lo g y
Fresh ship found before, serpent near together spoke lower start, and

Ha id a M y t ho lo g y
Dry mind born, serpent near together spoke lower start, and

Ho- C hu n k M y t ho lo g y
Spoke ninth with beginning Jew, serpent near together spoke lower start, and

Hu ro n M y t ho lo g y
With for own, serpent near together spoke lower start, and

Ib o M y t ho lo g y
Before lost, serpent near together spoke lower start, and

In u it M y t ho lo g y
One awoke not, serpent near together spoke lower start, and

Ir o q u o is M y t ho lo g
Anger lost seventeenth awoke lost their, serpent near together spoke lower start,

y
and

K wa ki ut l M y t ho lo g y
Chosen way Jew at land, serpent near together spoke lower start, and

La ko ta M y t ho lo g y
Fly child that, serpent near together spoke lower start, and

Le na pe M y t ho lo g y
Land own home, serpent near together spoke lower start, and

Na va ho M y t ho lo g y
Own leave spoke, serpent near together spoke lower start, and

No ot ka M y t ho lo g y
So fail chosen, serpent near together spoke lower start, and

Pa w ne e M y t ho lo g y
Close way beginning back, serpent near together spoke lower start, and

Sa li s h M y t ho lo g y
Voice false voice he, serpent near together spoke lower start, and

Se ne ca M y t ho lo g y
Second beginning ninth, serpent near together spoke lower start, and

T si m s hi an M y t ho lo g y
That head they head better found, serpent near together spoke lower start, and

Ut e M y t ho lo g y
At back, serpent near together spoke lower start, and

Zu ni M y t ho lo g y
Twelfth dark, serpent near together spoke lower start, and

Oceanic Religions

Ab or ig in al M y t ho lo g y
Born or blade one take, serpent near together spoke lower start, and

Ba li ne se M y t ho lo g y
Fire false beginning follow, serpent near together spoke lower start, and

Ma or i M y t ho lo g y
Serpent or before, serpent near together spoke lower start, and

Mo de k n ge i M y t ho lo
Thirteenth made chosen beginning cell before, serpent near together spoke lower

g y
start, and

Na ur u an Re li gi on
Own bad awoke found from false spirit above

Po l y ne si an M y t ho lo g
Voice fly near beginning head found, serpent near together spoke lower start,

y
and

Neopagan or revival religions

As at ru
Kill worthy, the

C hu r c h Of Al l Wo r l d s
Ninth with from this spoke us, take fly third if land easy animal

Di ev tu ri ba
Easy time here him fire

G ho s t Da n ce
Blood spoke follow together, seventh own first

Ne o- D ru id is m
Beginning lost, seventh the mind their they

Ju de o- Pa ga ni s m
Speak made lost, close blood dark voice they

He l lê ni s mo s
Fifth fly false dark follow man head

Or is ha re li gi on s
Or their dry from false spirit above voice

Ku mi na
Born middle own

Ob e ah
Lost back war

Sa n te ri a (Lu ku mi)
Voice own people him born (Coming born middle)

Vo ud un
Can under was

Ko n go Re li gi on s
Child own start from false spirit above voice

New World

Ca n do m b lé
Ninth own stab they two false

Ma cu m ba
Serpent weaken serpent fire

Q u im ba n da
Seventeenth awoke small fire beginning day

Um ba n da
True fire own day

X an go
Eighteenth found start

Su m mu m
Twelfth serpent get they

Wi c ca
Beast blind ninth

Al ex an d ri an Wi c ca
Take good found day him found, beast blind ninth

Di an ic Wi c ca
Easy found sound, beast blind ninth

Ga r d ne ri an Wi c ca
Blood if made beginning him found, beast blind ninth

Fa er y Wi c ca
Many true tail, beast blind ninth

Fe ri T ra di ti on
End him that if easy together above

Non revealed religions

Ca r va ka
Ninth if leave chosen

Co n fu ci an is m
Best own stay this found their they

Fe l lo w s hi p Of Re as on
End fly lower walking head better voice us, from kill above

S pi ri tu al Hu ma ni s m
Voice circle him here take with serpent dark voice they

Mo hi s m
Thirteenth better voice they

Ta o is m
That lost their serpent

De mo no la t r y
Tenth man so fly that from stand

D ra go n Ro ug e
Seventh if start beginning for place back

Sa ta ni s m
Voice that dark voice they

La Ve ya n Sa ta ni s m
Fly eleventh tail own, voice that dark voice they

C hu r c h Of Sa ta n
Ninth with from this spoke us, voice that own

Or de r Of Ni ne An g le s
Or made if us dark beginning found blood land follow

Se ti an is m
Second together found their serpent

(Se t hi an is m)
(Second that better found their they)

Te m p le Of Se t
People serpent home land us, second that

T he S to r m
That he voice fight from middle

Q u im ba n da
Seventeenth awoke small fire beginning day

Syncretic religions

Ar ès Pi l g ri m Mo ve me n t
Ship kill, circle fly cell him middle, thirteenth eleventh they own people

Ca o Da i
Ninth lost seventh before

Fa lu n Da fa (Fa lu n Go n g)
Many coming own, seventh many (Many coming own, start own cell)

Hu na
With own

Ko n ko k yo
Child own child first firm

La w of on e
Fly way us above back

Ma ni c ha e is m
Serpent dark ninth dry back their they

Un it ar i an Un iv er sa li s m
Was not ship before found, was grow true voice false voice they

Un iv er sa l Li fe C hu r c h
Was grow true voice fly false end, ninth with from this spoke

Te n ri k yo
People own him first firm

T he os op h y
That he magic promised he stand

Se ic ho - No - I e
Second sound spoke so before back

En t he og en (Religions)
When that he holy when

Religions based around divinely inspiring substances

Ay ah u as ca
Let war awoke kill ninth

C hu r c h Of T he Un iv er se
Ninth with from this spoke us, that he was grow true follow

(Ma ri ju an a)
Serpent him speak found born

Pe yo ti s m
Home firm together voice they

T H C Mi ni s t r y
That dry ninth middle dark voice people him firm

New religious movements: religions founded since 1850 AD with small followings

Indigenous NRMs

Bu r k ha ni s m
Joined if first dry dark head man

Ca r go Cu l t s
Ninth if start, weaken fly people head

G ho s t Da n ce
Blood spoke follow together, seventh own first

Na ti ve Am er ic an C hu r
Own together eleventh, morning true sound found, ninth with from

c h
this spoke

African Diaspora/Latin American NRMs

Sa i Ba ba/ Sa t h ya Sa i Or ga ni
Voice before fire fire/voice that he tail, voice before or blood dark

sa ti on
voice together above

Ha re K ri s h na
Dry from chosen him follow better own

T ra n s ce n de n ta l Me di ta
That if beginning head first so made new that fly, they easy that

ti on
together above

Sa n t Ma t
Voice own people, serpent that

S wa mi na ra ya n
Voice way middle own if tail beginning

Ve da n ta So ci et y
Eleventh day own that, sixth this must tail

Os ho/Ra j ne es hi s m
Magic spoke/If God beginning strong, better follow middle

Me he r Ba ba
They he if fire fire

NRMs with Islamic Roots

Su bu d
Twelfth joined day

Ah ma di
War serpent easy

Ba ha' I
Fire dry before

Da n ce s Of Un iv er sa l Pe ac e
Seventh own first follow us, was grow true voice fly, home force back

Sa id Nu r si
Voice mind, new if head

Na ti on of Is la m (Black Muslims)
Own together above us, their fly serpent

Christian-oriented NRMs

Un if ic at i on C hu r c h
Was pray sound worthy before above, ninth with from this spoke

Je su s Pe op le
Fourteenth sun(son) voice, home promised land

C hi l d re n Of Go d
Ninth better land easy from so us start day

Pe op le' s Te m p le
Home promised land voice, people serpent home land

Pe n te co s ta li s m
Home own people best follow that false head man

Ho li ne s s Mo ve me n
Spoke false beginning voice follow, thirteenth eleventh they own

t
people

Buddist-oriented NRMs

So ka Ga k ka i
Sixth chosen, blood fortune chosen before

Wo n Bu d d hi s m
Third own joined day made better head man

Ho a Ha o
Spoke born, dry lost

F ri en d s Of T he We s te
Many him when made head us, that he walking voice people

r n Bu d d hi s t Or de r
from dark, joined day made better head fight or made if

Chinese-oriented NRMs

I- Ku an Ta o
Before born found that lost

Fa lu m Go n g
Many coming serpent, start own cell

Japanese-oriented NRMs

Te n ri k yo
People own him first firm

Se ic ho no I e
Second sound spoke so before back

Jo h re i or Re ik i
Sixteenth dry from before or from life before

O om ot o
Lost but fail lost

So ka Ga k ka i
Sixth chosen, blood fortune chosen before

A um S hi n ri k yo
Born true voice better beginning him Jew firm

Korean-oriented NRMs

C ho n do g yo
Ninth spoke beginning stab spirit firm

Un if ic at i on C hu r c h
Was pray sound worthy before above, ninth with from this spoke

Vietnamese-oriented NRMs

Ca od a is m
Ninth strange born their serpent

Ho a Ha o
Spoke born, dry lost

Western Magical/Esoteric Groups

T he os op h y
That he magic promised he stand

Go l de n Da w n
Start fly made beginning, seventh way beginning

Gu r d ji ef f Wo r k
Fresh if made maze hope white third if first

S pi ri tu al is m
Voice circle him here take their they

Ec ka n ka r
United chosen own chosen from

T he le ma
That he land serpent

Ar ge n te um As t ru m
Ship cell own people true, kill that the they

F ra te r ni ta s Sa tu r ni
Many if people from dark that head, voice here if dark

Or do Te m p li Or i en ti s
Or stab people serpent home false or before when together voice

T y p ho ni an Or do Te m p li Or i
That near circle spoke dark found Or stab people serpent home false or before

en ti s
when together voice

C hu r c h of Je su s C h
Ninth with from this spoke us, fourteenth sun(son) voice, ninth he

ri s t C h ri s ti an
him head fight, ninth he him head together found

Wo r l d C hu r c h Of T he C re
Third if land easy, ninth with from this spoke us, that he ninth from

at or (Creativity Movement)
worthy or

C hu r c h Of T he Am er ic an
Ninth with from this spoke us, that he morning true sound found,

K ni g h t s Of T he Ku K lu
chosen dark cell better fight sun(son) us, that he born chosen coming

x K la n
eighteenth, chosen fly beginning

Alien based religions

T he A et he ri us So ci et y
That he born must he him we, sixth this must tail

Ra el is m
If king their serpent

S ci en to lo g y
Voice this when fight lower cell stand

C hu r c h Of S ci en to lo g y
Ninth with from this spoke us, voice this when fight lower cell stand

F re e Zo ne
Many from back, sixth beginning

Ur an ti a (Book of)
Bad found together born

Other NRMs

A um S hi n ri k yo (Al ep h)
Born true voice better beginning him Jew firm (Take name dry)

B re at ha ri an is m (A ir cu l
Fire from worthy dry him found their they (Born anger weaken fly

t)
people)

B ri an is m
Fire him found their they

C hu r c h Un iv er sa l An d T
Ninth with from this spoke, was grow true voice fly, found day that

ri um p ha n t
him true home dry dark fight

Ec ka n ka r
United chosen own chosen from

El an Vi ta l
King found, dead that fly

Fa it hi s t s Of Ko s mo n
Many not better voice people head us, child voice man beginning

Ju c he (The personality cult of North Korean leaders)
Speak ninth he

Or de r Of T he So la r Te m p le
Or made if us that he sixth fly if people serpent home land

P ro ce s s C hu r c h Of T he
Close for first follow head, ninth with from this spoke us that he

Fi na l Ju d ge me n t
white own fly, speak day cell they beginning together

Sa t h ya Sa i Or ga ni sa ti on
Voice that he tail voice before or blood dark voice together above

Ka r de ci s t S pi ri ti s m
Chosen if made this follow together, voice circle him together follow middle

Su bu d
Twelfth joined day

T he C hu r c h Of Vi ru s
That he ninth with from this spoke us, dead the voice

Yo is m
Firm their serpent

Parody or mock religions

C hu r c h Of T he Su b Ge ni us
Ninth with from this spoke us, that he twelfth fire, cell dark we

Di s co r di an is m
Easy voice best from easy found their middle

C hu r c h Of Je su s C h
Ninth with from this spoke us, fourteenth sun(son) voice, ninth he

ri s t El vi s
him head fight, king dead voice

Fictional Religions Turned Parody

Bo ko no ni s m
Child child so dark voice they

Je di ce n su s mo ve me n t
Fourteenth easy first own sun(son) follow, thirteenth eleventh they own people

In vi si b le Pi n k Un ic or n
One dead head fire land, circle own first, was sound or own

Ki bo lo g y
Jew child lower blood near

La n do ve r Ba p ti s t C
Fly own stab eleventh from, fire close together follow together, ninth

hu r c h
with from this spoke

C hu r c h Of Em ac s
Ninth with from this spoke us, light force voice

Forms of religion

Agno s ti ci s m
At so voice together this follow middle

An i mi s m
Found before middle voice they

At he is m
Worthy he their serpent

Di t he is m (Du al is m)
Easy that he their they (Strongest take their serpent)

He no t he is m
Fifth so that he their they

Mo no la t ri s m
Thirteenth so fly that him follow middle

Hu ma ni s m
With serpent dark voice they

Se cu la r Hu ma ni s m
Second weaken fly if with serpent dark voice they

Ka t heno t he is m
Chosen that he so people he their middle

Ma l t heno t he is m
Serpent fly people he so together he their man

Mo ni s m
Thirteenth dark voice they

Mo no t he is m
Thirteenth so that he their they

Pa ne n t he is m
Close beginning own people he their middle

Pa n t he is m
Close own people he their middle

Co s mo t he is m
Best voice man people he their middle

Po l y t he is m
Voice fly near together he their man

S ha ma ni s m
Voice dry serpent dark follow middle

Su it he is m
Twelfth not he their serpent

Esotericism

Al c he m y
Take ninth he they stand

An t h ro po so p h y
Found that he for voice animal circle spoke, and

F re em as on r y
Many from light kill above from stand

G no s ti ci s m
Blood so follow together this head man

Ka b ba la h
Chosen awoke fire fly he

Oc cu l ti s m
Eighth weaken fly together follow middle

Ro si c ru ci an
For head ninth the this found

An ci en t M y s ti ca l Or de r Ro sa
Found this when that serpent near head together ninth lower or made if for voice

e C ru ci s
back, ninth the this follow

Co n f ra te r ni t y Of T he Ro se C ro
Best own end if people him dark fight and us that he for follow ninth for

s s
follow head

Ro si c ru ci an Fe l lo w s hi p
For head ninth the this found, end fly lower walking head better voice

Mysticism

C h ri s ti an M y s ti ci
Ninth he him head together found, serpent near head together this

s m
animal get

G no s ti ci s m
Blood so follow together this head man

Hi n du M y s ti ci s m
Better own strongest, serpent near head together this animal get

Ta n t ra
That own people if

An an da Ma r ga Ta n t ra-Yo ga
Found found day, serpent if blood that own people if firm blood

Yo ga
Firm blood

B ha k ti
Fire dry first together

Ve da n ta
Eleventh day own that

Ka b ba la h (Also part of Judaism)
Chosen awoke fire fly he

Ka b ba la h Ce n t re
Chosen awoke fire fly he, first own people from

Ma r ti ni s m
Serpent if together dark follow middle

Me di ta ti on
They easy that together above

S pi ri tu al it y
Voice circle him here take not near

Su fi s m
Twelfth white voice they

T he os op h y
That he magic promised he stand

Magic (religion)

As t ro lo g y
Kill that for lower cell stand

Di vi na ti on
Easy dead own together above

P ro p he c y
Close for home he this firm

Ex or ci s m
Good or this voice they

Fa it h He al in g
Many not dry, fifth take one blood

Fe n g S hu i
End own cell, voice with before

Ho od o o (rootwork)
Spoke strange lost lost

Ne w Or le an s Vo od o o
Beginning way or land found voice, can strange lost lost

Ma gi c k
Serpent spirit ninth first

C ha os Ma gi c k
Ninth dry magic, serpent spirit ninth first

En oc hi an Ma gi c
When eighth better found, serpent spirit ninth

G ri mo ir e Ma gi c k
Blood him man anger back, serpent spirit ninth first

Go et ic Ma gi c k
Start must sound serpent spirit ninth first

Mi ra c le s
Middle if ninth land follow

Po w- wo w
voice way, third way

Se id (Shamic magic)
<u>Second mind</u>

Va as tu S ha s t ra (Hinduism)
<u>Leave kill here, voice dry follow together if</u>

Wi t c h c ra f t
<u>Beast that first better, best if stay that</u>

<u>Ritualism</u>

P ra ye r
<u>Close if near from</u>

Sa c ri fi ce
<u>Voice ninth him white first</u>

An im al Sa c ri fi ce
<u>Found small take, voice ninth him white first</u>

Hu ma n Sa c ri fi ce
<u>With serpent own voice ninth him white first</u>

Wo r s hi p
<u>Third if follow better circle</u>

THE FIRST CHAPTER OF GENESIS

T HE HO L Y BI B LE
That he spoke fly near two fire land

(Passage taken from the edition available in 1905)

T he Fi r s t Bo ok Of Mo se s
That he white if follow together, child good us, thirteenth follow voice

Ca l le d Ge ne si s
ninth fly land made, cell beginning head animal.

.) T he C re at i on Of He av en An d E
That he ninth from worthy before above us, fifth since when found day back

ar t h 3) Of T he Li g h t 6) Of T he Fi r ma me
ship that he us. That he false blood he together us. That he white if serpent they

n t 9) Of T he E ar t h Se pa ra te d F
beginning together us. That he back ship that he second close if people day, many

ro m T he Wa te r s 11) An d Ma de F ru it fu
for they that he way people if follow. Found day serpent made, many the not stay

l 14) Of T he Su n, Mo on An d S ta r s 20) Of
land us. That he twelfth own thirteenth above, found day voice that from head us.

Fi s h An d Fo w l 24) Of Be as t s An d Ca
White voice he found day, forth way land us. Be kill that follow found day ninth

t t le 26) Of Ma n In T he Im ag e Of Go d 29) Al
that people land us. Serpent own one that he small at back us. Start day take

so T he Ap po in t me n t Of Fo od
animal that he hidden voice one that they beginning together us, forth strange.

In T he Be gi n ni n g Go d C re at
One that he be spirit own dark beginning spirit, start day ninth from worthy

ed T he He av en An d T he E ar t h.
power, that he fifth since when, found day that he back ship that he.

2) **An d T he E ar t h Wa s Wi t ho ut Fo r m,**
Found day that he back ship that he way voice beast that spoke at forth if they,

An d Vo id; An d Da r k ne s s Wa
found day can mind; found day seventh if first beginning head animal, way

s Up on T he Fa ce Of T he De ep. An d T he
voice under above that he many first us, that he tenth name. Found day that he

S pi ri t Of Go d Mo ve d Up on T he
voice circle him people us, start day thirteenth eleventh day under above, that he

Fa ce Of T he Wa te r s.
many first us, that he way people if follow.

3) **An d Go d Sa id, Le t T he re Be Li g h**
Found day start day voice mind, land that, that he from be false blood he

t: An d T he re Wa s Li g h t
together: found day that he from way voice false blood he together.

4) **An d Go d Sa w T he Li g h t, T ha t**
Found day start day voice way, that he false blood he together, that dry people

It Wa s Go od: An d Go d Di vi de d T he
not way voice start strange: found day start day easy dead made day, that he

Li g h t F ro m T he Da r k ne s
false blood he together, many for they, that he seventh if first beginning head

s.
animal.

5) **An d Go d Ca l le d T he Li g h t Da**
Found day start day ninth fly land made, that he false blood he together seventh

y, an d T he Da r k ne s s He Ca l le
tail, found day that he seventh if first beginning head animal fifth, ninth fly land

d Ni g h t. An d T he Ev en in g An d
made dark blood he together. Found day that he time when one blood found day,

T he Mo r ni n g We re T he Fi r s
that he thirteenth if dark beginning spirit walking from, that he white if follow

t Da y.
together seventh tail.

6) **An d Go d Sa id, Le t T he re Be A Fi r ma**
Found day start day voice mind, land that, that he from be born white if serpent

me n t In T he Mi d s t Of T he Wa
they beginning together one, that he middle day follow together us, that he way

te r s, An d Le t It Di vi de T he Wa te r
people if follow, found day land that not easy dead made, that he way people if

s F ro m T he Wa te r s
follow many for they, that he way people if follow.

7) **An d Go d Ma de T he Fi r ma me n**
Found day start day serpent made, that he white if serpent they beginning

t An d Di vi de d, T he Wa te r s W hi
together, found day easy dead made day, that he way people if follow way better

c h We re Un de r T he Fi r ma me n
first better walking from was made if, that he white if serpent they beginning

t F ro m T he Wa te r s W hi c h
together, many for they, that he way people if follow way better first better

We re Ab ov e T he Fi r ma me n t:
walking from born old back, that he white if serpent they beginning together:

An d It Wa s So
found day not way voice sixth.

8) **An d Go d Ca l le d T he Fi r ma me n**
Found day start day ninth fly land made, that he white if serpent they beginning

t He av en. An d T he Ev en in g An d
together, fifth since when. Found day that he time when one blood found day,

T he Mo r ni n g We re T he Se co
that he thirteenth if dark beginning spirit walking from, that he second best

n d Da y.
own made seventh tail.

9) **An d Go d Sa id, Le t T he Wa te r s Un**
Found day start day voice mind, land that, that he way people if follow was

de r T he He av en Be Ga t he re d To ge t he
made if that he fifth since when be blood that he from made fight cell that he

r Un to On e P la ce, An d Le t T he D
from was fight above back, close fly first, found day land that, that he seventh

r y La n d Ap pe ar: An d It Wa s So.
from stand fly own made hidden home ship: found day not way voice sixth.

10) **An d Go d Ca l le d T he D r y La n**
Found day start day ninth fly land made, that he seventh from stand fly own

d E ar t h; An d T he Ga t he ri n g
made back ship that he; found day that he blood that he him beginning spirit

To ge t he r Of T he Wa te r s Ca l le d He
fight cell that he from us, that he way people if follow ninth fly land made fifth

Se as: An d Go d Sa w T ha t It Wa s Go
second kill: found day start day voice way, that dry people not way voice start

od.
strange.

11) **An d Go d Sa id, Le t T he E ar t h B ri**
Found day start day voice mind, land that, that he back ship that he fire him

n g Fo r t h G ra s s, T he He r b
beginning spirit forth if people better blood if follow head, that he fifth if be

Yi el di n g Se ed, An d T he F ru it T re
stand king easy own cell second power, found day that he many the not that from

e Yi el di n g F ru it Af te r Hi s Ki n
back stand king easy own cell, many the not last people if better voice Jew own

d, W ho se Se ed Is In It se l f, Up on
made, way spoke follow second power their one not follow fly end, under above

T he E ar t h: An d It Wa s So.
that he back ship that he: found day not way voice sixth.

12) **An d T he E ar t h B ro ug h t Fo r t**
Found day that he back ship that he fire for place he together forth if people

h G ra s s, An d He r b Yi el di n g Se
better blood if follow head, found day fifth if be stand king easy own cell second

ed Af te r Hi s Ki n d, An d T he T re
power, last people if better voice Jew own made, found day that he that from

e Yi el di n g F ru it, W ho se Se ed Wa
back stand king easy own cell many the not, way spoke follow second power, way

s In It se l f, Af te r Hi s Ki n d: An d
voice one not follow fly end, last people if better voice Jew own made: found day

Go d Sa w T ha t It Wa s Go od.
start day voice way, that dry people not way voice start strange.

13) An d T he Ev en in g An d T he Mo r ni
Found day that he time when one blood found day, that he thirteenth if dark

n g We re T he T hi r d Da y.
beginning spirit walking from, that he that better from easy seventh tail.

14) An d Go d Sa id, Le t T he re Be li g h
Found day start day voice mind, land that, that he from be false blood he

t s In T he Fi r ma me n t Of T he
together animal one, that he white if serpent they beginning together us, that he

He av en To Di vi de T he Da y F ro m T he
fifth since when fight easy dead made, that he seventh tail many for they, that he

Ni g h t; An d Le t T he m Be Fo r Si g
dark blood he together; found day land that, that he they be forth if head blood

n s, An d Fo r Se as on s, An d Fo r
beginning head, found day forth if second kill above voice, found day forth if

Da y s, An d Ye ar s:
seventh tail follow, found day near ship voice:

15) An d Le t T he m Be Fo r Li g h t s in
Found day land that, that he they be forth if false blood he together animal one,

T he Fi r ma me n t Of T he He av en To
that he white if serpent they beginning together us, that he fifth since when fight

Gi ve Li g h t Up on T he E ar t h:
spirit eleventh false blood he together under above, that he back ship that he:

An d It Wa s So.
found day not way voice sixth.

16) An d Go d Ma de T wo G re at Li g
Found day start day serpent made that woman blood from worthy false blood

h t s: T he G re at er Li g h t To
he together animal; that he blood from worthy true false blood he together fight

Ru le T he Da y, An d T he Le s se r Li g
the land, that he seventh tail, found day that he land voice follow from false blood

h t To Ru le T he Ni g h t: He Ma de T
he together fight the land, that he dark blood he together: fifth serpent made, that

he S ta r s Al so.
he voice that from head take animal.

17) **An d Go d Se t T he m In T he Fi r ma me**
Found day start day second that, that he they one, that he white if serpent they

n t Of T he He av en To Gi ve Li g
beginning together us, that he fifth since when fight spirit eleventh, false blood

h t Up on T he E ar t h,
he together under above, that he back ship that he,

18) **An d To Ru le Ov er T he Da y An d Ov er T**
Found day fight the land old true, that he seventh tail found day old true, that

he Ni g h t An d To Di vi de T he Li g
he dark blood he together, found day fight easy dead made, that he false blood

h t F ro m T he Da r k ne s s: An
he together, many for they, that he seventh if first beginning head animal: found

d Go d Sa w T ha t It Wa s Go od.
day start day voice way, that dry people not way voice start strange.

19) **An d T he Ev en in g An d T he Mo r ni**
Found day that he time when one blood found day, that he thirteenth if dark

n g We re T he Fo ur t h Da y.
beginning spirit walking from, that he forth bad, that he seventh tail.

20) **An d Go d Sa id, Le t T he Wa te r s B**
Found day start day voice mind, land that, that he way people if follow fire

ri n g Fo r t h Ab un da n t l y
him beginning spirit forth if people better born was day own people false firm.

T he Mo vi n g C re at ur e T ha t
that he thirteenth dead own cell ninth from worthy bad back, that dry people

Ha t h Li fe, An d Fo w l T ha t Ma y F
dry that he false end, found day forth way land, that dry people serpent tail, many

l y Ab ov e T he E ar t h In T he Op en
land stand born old back, that he back ship that he one that he promised when

Fi r ma me n t Of He av en.
white if serpent they beginning together us, fifth since when.

21) **An d Go d C re at ed G re at W ha le**
Found day start day ninth from worthy power, blood from worthy way dry land

s, An d Ev er y Li vi n g C re at ur e
follow, found day time true tail false dead own cell ninth from worthy bad back,

T ha t Mo ve t h, W hi c h T he Wa
that dry people thirteenth eleventh, that he way better first better, that he way

te r s B ro ug h t Fo r t h Ab un da n
people if follow fire for place he together, forth if people better born was day own

t l y, Af te r T he ir Ki n d, An d Ev er
people false firm, last people if that he anger Jew own made, found day time true

y Wi n ge d Fo w l Af te r Hi s Ki n d:
tail, beast own cell made forth way land last people if better voice Jew own made:

An d Go d Sa w T ha t It Wa s Go od.
found day start day voice way, that dry people not way voice start strange.

22) **An d Go d B le s se d T he m, Sa y in g,**
Found day start day fire land voice follow easy that he they, voice tail one cell,

Be F ru it fu l, An d Mu l ti p l y, An d
be many the not stay land, found day get fly together home false firm, found day

Fi l l T he Wa te r s In T he Se as, An d
white fly land, that he way people if follow one, that he second kill, found day

Le t Fo w l Mu l ti p l y In T he E ar
land that forth way land get fly together home false firm one, that he back ship

t h.
that he.

23) **An d T he Ev en in g An d T he Mo r ni**
Found day that he time when one blood found day, that he thirteenth if dark

n g We re T he Fi f t h Da y
beginning spirit walking from, that he white many people better seventh tail.

24) **An d Go d Sa id, Le t T he E ar t h B ri**
Found day start day voice mind, land that, that he back ship that he fire him

n g Fo r t h T he Li vi n g C re
beginning spirit forth if people better, that he false dead own cell ninth from

at ur e Af te r Hi s Ki n d, Ca t t
worthy bad back, last people if better voice Jew own made, ninth that people

le, An d C re ep in g T hi n g, An d
land, found day ninth from name one cell that better beginning spirit, found day

Be as t Of T he E ar t h Af te r Hi s Ki n d:
be kill that us, that he back ship that he last people if better voice Jew own made:

An d It Wa s So.
found day not way voice sixth.

25) **An d Go d Ma de T heBe as t Of T he E ar**
Found day start day serpent made, that he be kill that us, that he back ship

t h Af te r Hi s Ki n d, An d Ca t t
that he last people if better voice Jew own made, found day ninth that people

le Af t er T he ir Ki n d, An d Ev er y T hi
land last that true, that he anger Jew own made, found day time true tail, that better

n g T ha t C re ep et h Up on T he
beginning spirit, that dry people ninth from name must he under above, that he

E ar t h Af te r Hi s Ki n d: An d Go d
back ship that he last people if better voice Jew own made: found day start day

Sa w T ha t It Wa s Go od.
voice way, that dry people not way voice start strange.

26) **An d Go d Sa id, Le t Us Ma ke Ma n In**
Found day start day voice mind, land that, we serpent first serpent own one

O ur Im ag e, Af te r O ur Li ke ne s s:
lost bad small at back, last people if lost bad false first beginning voice follow:

An d Le t T he m Ha ve Do mi ni on Ov er
found day land that, that he they dry eleventh stab middle dark above old true,

T he Fi s h Of T he Se a, An d Ov er T he Fo
that he white voice he us, that he second born, found day old true, that he forth

w l Of T he A ir, An d Ov er T he Ca t t
way land us, that he born anger, found day old true, that he ninth that people

le, An d Ov er Al l T he E ar t h, An d Ov er
land, found day old true take fly that he back ship that he, found day old true

Ev er y C re ep in g T hi n g T ha
time true tail ninth from name one cell that better beginning spirit, that dry

t C re ep et h Up on T he E ar t h.
people ninth from name must he under above, that he back ship that he.

27) **So Go d C re at ed Ma n In Hi s Ow**
Sixth start day ninth from worthy power serpent own one better voice, evil

n Im ag e, In T he Im ag e Of Go d C re at
own small at back, one that he small at back us, start day ninth from worthy

ed He Hi m; Ma le An d Fe ma le C re
power fifth better serpent; serpent land, found day end serpent land ninth from

at ed He T hem.
worthy power fifth that he they.

28) **An d Go d B le s se d T he m, An d Go d**
Found day start day fire land voice follow easy that he they, found day start day

Sa id Un to T he m, Be F ru it fu l, An d Mu l
voice mind was fight that he they be many the not stay land, found day get fly

ti p l y, An d Re p le ni s h T he
together home false firm, found day from close land dark follow better, that he

E ar t h, An d Su b du e It: An d Ha
back ship that he, found day twelfth fire strongest back not, found day dry

ve Do mi ni on Ov er T he Fi s h Of T he
eleventh stab middle dark above old true, that he white voice he us, that he

Se a, An d Ov er T he Fo w l Of T he A ir,
second born, found day old true that he forth way land us, that he born anger,

An d Ov er Ev er y Li vi n g T hi n g
found day old true time true tail false dead own cell that better beginning spirit,

T ha t Mo ve t h Up on T he E ar t
that dry people thirteenth eleventh, that he under above, that he back ship that

h.
he.

29) **An d Go d Sa id, Be ho l d, I Ha ve Gi**
Found day start day voice mind, be spoke fly made before dry eleventh spirit

ve n Yo u Ev er y He r b Be ar in g Se ed,
eleventh own firm awoke, time true tail fifth if be, be ship one blood second power,

W hi c h Is Up on T he Fa ce Of Al l T he
way better first better their under above, that he many first us take fly, that he

E ar t h, An d Ev er y T re e, In T he W hi
back ship that he, found day time true tail, that from back one, that he way better

c h Is T he F ru it Of A T re e Yi el di
first better their, that he many the not us, born that from back stand king easy

n g Se ed; To Yo u It S ha l l Be Fo r Me
own cell second power; fight firm awoke not voice dry land false, be forth if they

at.
worthy.

30) **An d To Ev er y Be as t Of T he E ar t h, An**
Found day fight time true tail, be kill that us, that he back ship that he, found

d To Ev er y Fo w l Of T he A ir, An d To
day fight time true tail, forth way land us, that he born anger, found day fight

Ev er y T hi n g T ha t C re ep et
time true tail that better beginning spirit, that dry people ninth from name must

h Up on T he E ar t h, W he re In T he re Is
he under above, that he back ship that he, way he from one, that he from their

Li fe, I Ha ve Gi ve n Ev er y G re en
false end before dry eleventh spirit eleventh own time true tail, blood from when

He r b Fo r Me at: An d It Wa s So.
fifth if be forth if they worthy: found day not way voice sixth.

31) **An d Go d Sa w Ev er y T hi n g T**
Found day start day voice way, time true tail that better beginning spirit, that

ha t He Ha d Ma de, An d, Be ho l d, It Wa
dry people fifth dry day serpent made, found day be spoke fly made, not way

s Ve r y Go od. An d T he Ev en in g An
voice eleventh if near start strange, found day that he time when one blood found

d T he Mo r ni n g We re T he Si
day, that he thirteenth if dark beginning spirit walking from, that he head

x t h Da y.
eighteenth people better seventh tail.

THE LORD'S PRAYER UK

En g la n d
When blood fly beginning easy

Old English

O ur Fa t he r Wi c he Ar te In He av en.
Lost bad many that he from, beast ninth he ship people one fifth since when.

Ha lo we d Be T h y Na me. T h y Ki n g
Dry lower walking day be that he stand own they. That he stand Jew own cell

do m Co me T h y Wi l l Be Do ne In E
stab middle best they. That he stand beast fly land be stab beginning one back

ar t he, As It Is In He av en
ship that he, kill not their one fifth since when.

Ge ve Us O ur Da y l y B ro ad. G ru en
Cell eleventh, we lost bad seventh tail, land stand fire for extra. Blood the when

O ur T re s pa s se s As z We Fo r ge
Lost bad that from follow close head follow animal, kill say walking forth if cell

we O ur T re s pa s se r s. An d
walking lost bad, that from follow close head follow for sun(son). Found day

Lo ad e UsNo t In Ot Te m p ta ci on.
lower extra back we so that one fail people serpent home that this above.

Bu t De l y ve r Us F ro m Ev y l l.
Joined that tenth fly near eleventh him, we many for they time tail land false.

English

O ur Fa t he r W hi c h Ar t In He av
Lost bad many that he from, way better first better ship that one fifth since

en, Ha l lo we d Be T h y Na me. T h y Ki
when, dry fly lower walking made be that he stand own they. That he stand Jew

n g do m Co me. T h y Wi l l Be Do ne
own cell stab middle best they, that he stand beast fly land be stab beginning,

on E ar t h As It Is In He av en.
above back ship that he kill not their one fifth since when.

Gi ve Us T hi s Da y O ur Da il y B
Spirit eleventh we that better follow seventh tail, lost bad seventh ill tail fire

re ad, An d Fo r gi ve Us O ur T re s
from extra. Found day forth if spirit eleventh, we lost bad that from follow

pa s se s, As We Fo r gi ve T ho se
close head follow animal, kill walking forth if spirit eleventh that spoke follow

W ho T re s pa s s Ag a in s t Us.
way spoke, that from follow close head animal at born one voice people we.

An d Le ad Us No t In To Te m p ta ti
Found day land extra we so that one fight people serpent home that together

on; Bu t De li ve r Us F ro m Ev il: Fo r T
above, joined that tenth false eleventh if we many for they time ill. Forth if that

hi ne Is T he Ki n g do m, T he Po we r
better beginning their, that he Jew own cell stab middle, that he voice walking if

An d T he G lo r y, Fo r Ev er An d Ev er
found day, that he blood lower from stand, forth if time true, found day time true

Am en.
morning when.

Ir el an d

Anger king found day

Irish Geailge

Ga e il ge

Blood back ill cell

Ar Na t ha ír At á Ar Ne am h, Ná om
Ship own that dry or worthy back ship beginning morning dry, beginning but

h t ha r Ha in m. Ti ge ad h Do Rí og
dry people dry him dry one serpent. Together cell extra dry stab for holy

ha eh d. De ún ta r Do T ho il Ar An T ta la m
dry again day. Tenth own that if stab that spoke ill ship, found at that fly they

h, Ma r Do Ni t he ar Ar Ne am h.
better serpent if stab dark that he ship, ship beginning morning dry.

Ar Na rá n La ét ha m ha il Ta b ha ir D hú
Ship own from own fly not dry serpent dry ill, that fire dry anger seventh war

in n A Ni u. Agus Ma it h D hú in
one beginning born dark awoke. At we serpent not dry seventh war one

n Ar B h fí ac ha, Ma ri m ha it h mí
beginning ship, fire he enemy force dry, serpent him serpent dry not he man

d ne Da r B h fé it he am h nu ib h
easy beginning seventh if fire he white, not he morning better new before spoke

Fé in Agus Na Lé ig Si n n A C ca t
white one. At we own false blade head own beginning, born blind ninth people

hu g ha d h, Ac h d Sá or In n Ó Ol c.
with spirit dry stab, with force dry made second or one own awoke old ninth.

S co t la n d

Voice best people fly dark stab

Scottish (lowland)

Lo w la n d

Lower way fly beginning easy

Fa it he r O Us A a, Bi da n Ab un e! T h y

Many not he if lost we awoke born, two day own born was back. That he stand

Na me Be Ho li e! La t T h y Re ig n! Be gi

own they be spoke false back. Fly that, that he stand from blade own be spirit

n! La t T h y Wu l l Be Du ne, On T he

own. Fly that, that he stand will fly land be strongest beginning, above that he

Yi r t h As in T he Li f t.

stand if people better kill one, that he false many people.

Gi e Us ll ka Da y O ur Ne ed Fu Fe n

Spirit back we ill chosen seventh tail lost bad beginning power, stay end own

di n. An d Fo r gi e Us A a O ur ll l

easy beginning. Found day forth if spirit back, we awoke born lost bad, ill fly

De ed s, As We Fo r gi e T ha e W ha Di

tenth power voice, kill walking forth if spirit back, that dry back way dry easy

d Us ll l. An d La t Us Nobe Si f ti t: Bu

day we ill fly. Found day fly that we so be head many together people; joined

t Sa ve Us F ra e A a ll l.

that voice eleventh we many if back awoke born ill fly.

Shetland

No r n
So if beginning

F y Vo r O Er I C hi me ri. Ha la g h
Many near can if lost true before ninth better they him. Dry fly blood he

t Va ra Na m Di t. La ko nu n g du m
together, leave if own serpent easy that. Fly child new own cell strongest middle,

Di n Cu m ma. La Vi l l Di n Ve ra Gu er
easy own weaken true serpent. Fly dead fly land easy own eleventh if fresh true

de I V ri l di n Si n da er i C hi
made before leave him land easy dark, head own day true before ninth better

me ri.
they him.

Ga v V s Da g h U Da g lo g h
Blood brave leave follow seventh blood, he awoke seventh blood, lower cell better

t B ra u. Fo r gi ve Si n do r wa ra Si n
fight fire if awoke. Forth if spirit eleventh head own stab from way, if head own

Vi Fo r gi va Ge m A o Si n da Ga in s
dead forth, if spirit leave cell serpent born lost, head own day blood one voice

t Wu s. Li a Wu s Ik e O Ve ra Te m
people will voice. False born will voice life back lost eleventh if people serpent

pa, Bu t De li v raWu s F ro Ad lu ld
close, joined that tenth false leave if will voice many for extra coming mind

lu
coming.

Wa le s
Way land voice

Welsh

C y m ra eg
Ninth near middle if point

E in Ta d, Y r H w n W y t Y n
Back one that day, tail from dry walking dark way near together tail beginning

Y Ne fo ed d, Sa n c te id di er D
tail beginning enemy power day, voice own first people mind easy true. Seventh

y E n w. De le d D y De y r na s.
near back own walking. Tenth land day seventh near tenth tail from own head

G w ne le r D y E w y l l y
Blood walking beginning land him, seventh near back way near false lower and

s, Me gi s Y n Y Ne f, Fe l l y
voice. They spirit voice tail beginning tail beginning many, end fly land stand

Ar Y D da e ar He f y d.
ship tail seventh day back ship, fifth many near easy.

D y ro l Ni He d d y w E in BaraBe
Seventh near for before dark fifth day made stand woman back one, fire if be

un y d di ol. A Ma d de u l Ni E in
was tail made easy old. Born serpent day made awoke before dark back one

D y le di on, Fe l Y Ma d de uw n
seventh near land easy above. End fly tail serpent day made dream beginning

Ni n na u l' n D y le d w y r. Ac
dark was own awoke before own seventh near land easy woman and if. Force

Na c Ar wa in Ni l B ro fe di ga et h, E it
own ninth ship way one dark before fire for end easy blood must he, back not

h r G wa re d Ni Rha g D r w g.
dry from blood way from made dark if dry cell seventh from beast start.

Co r n wa l l
Best if beginning way false lower

Cornish

Ke r n w y s
First if beginning beast firm sun(son)

N y Ta z Ez Y n Ne a u. Bo ne
Own near that say strong tail beginning, beginning born awoke. Child beginning

ga s Y w T ha Ha na w. T ha G w la
blood voice tail walking that dry dry own way. That dry blood walking fly

ka t h Do az T ha Bo no ga t h Bo g
chosen together spoke stab kill. That dry child so blood that he child blood

we ez En No re Po co ra ge n Ne a u
walking strong when so from voice best if cell own beginning born awoke.

Ro e T he n ye n D y t h ma Go
For back that he beginning near dark seventh near together, spoke serpent start

n D y t h Ba ra Gi vi an s. N y Ga
own seventh near together, spoke fire if spirit dead found voice. Own near blood

n Ra b n We er y Ca ra N y Gi vi an
own if fire beginning walking true tail ninth if own near spirit dead found

s Me n s. O Ca bi n Le di a N y Na ra
voice they own follow. Lost ninth two own land easy born own near own if

Id n Te n ta ti on Bu z Di l ve r N
mind own people own that together above. Joined say easy fly eleventh from own

y T ha r t Do eg.
near that dry from together stab point.

THE LORD'S PRAYER – OTHER

Visigothic 500 AD

Vi si go t hi c
Dead head start that better first

At ta Un sa r T hu In Hi mi na m We ih
Worthy that was voice if that with one better middle own serpent. Walking race

na i Na mo T he in, Q im a i Na s
own before own man that he one, seventeenth small born before own voice

su s T he in s, Wa ir t ha i Wi l ja T he
sun(son), follow that he one follow, way anger that dry before beast fly god that he

in s S we In Hi mi na Ja h An a A ir
one follow, voice walking one better middle own god dry found born, born anger

T ha i,
that dry before.

H la if Un sa ra na T ha na Si n te in an Gi
Dry fly pray was voice if own that dry own head own people one found spirit

f In s Hi m ma Da ga, Ja h Af le t Un
many, one voice better true serpent seventh blood, god dry last land that was

s T ha te i S ku la n s Si ja im a,
voice that dry people before voice born fly beginning head, head god small born,

S wa s we Ja h We is Af le ta m T ha
voice way follow walking god dry, walking their last land that serpent that dry

im S ku la m Un sa ra im, Ja h Ni B ri g ga
small voice born fly they, was voice if small, god dry dark fire him cell blood

is Un s In F ra is tu b n ja i, Ak La us e
their, was voice one many if their here be dark god before, words fly we back

i Un s Af T ha ma Ub il in.
before was voice last that dry serpent awoke ill one.

German (old) 789 AD

Al le ma ni c
Take land serpent dark ninth

Fa te r Un se er, T hu Pi s t In Hi mi
Many people if was follow true, that with circle voice people one better middle

le. Wi hi Na mu n Di na n, Q hu em e
land. Beast better own get own easy own beginning, seventeenth with light back,

Ri h hi Di n, We r de Wi l lo Di in, So In
him dry better easy own, walking if made beast fly lower easy one, sixth one

Hi mi le So sa In Er du.
better middle land sixth voice one true strongest.

P ro ot h Un se er Em ez zi hi c Ki p Un
Close for fail he was follow true light strong head better ninth, Jew close was

s Hi ut u, Ob la z Un s S cu l di Un se
voice better at awoke, lost fly say was voice, voice weaken land easy was follow

er o, So Wi r Ob la ze m Un s S cu l di
true lost, sixth beast if lost fly follow serpent was voice, voice weaken land easy

ke m, En ti Ni Un si h Fi r le it l In
first middle, when together dark was head dry white if land not before one

K ho ru n ka, Uz ze r Lo si Un si h Fo
chosen spoke the beginning chosen, we follow if lower head was head dry forth

na Ub il e
own awoke ill back.

French/ Anglo-Norman – 12th Century

Li No s t re Pe r re Ki l es Es Ci el
False so voice people from home if from Jew before strong, strong this king

s, Se it Se in te fi ez Li Tu n s Nu n
voice, second not second one people white strong, false here own follow new own

s. Av i en ge t Le Tu en s Re g ne
follow. Since before when cell that land here when voice from blood beginning

s. Se it Fe it e La Tu e Vo le n te z Si
follow. Second not end not back fly here back, can land own people follow head,

Cu m En Ci el E En La Te r ra
weaken serpent when this king back, when fly people bad if

No s t re Pe in C ha s k ju r ne
So voice people from home one ninth dry follow Jew, speak for beginning

l Du ne Nu s Ho i. E Pa r du
coming strongest beginning, new voice spoke before. Back close if strongest

ne A Nu s Le s No z De te s, Si Cu
beginning born new voice land voice, so say tenth people voice, head weaken

me Nu s Pa r du nu n s A No z De tu r
they, new voice close if strongest new beginning head born, so say tenth here if

s, E Ne Nu s Me in es En Te n te is
follow. Back beginning new voice, they one strong when people own people their

un, Me is De li V re Nu s De Ma l.
was, they their tenth false leave from new voice tenth serpent fly.

Italian 1252

Pa d re No s t ro Ke S se' In Ce lo, Si [A
Close day from so voice people for first voice follow one first lower, head born

S] an ti fi ca to Il No me Tu o. Ad ve g
voice found together white ninth fight ill so they here lost. Extra eleventh blood

na Il Re g no Tu o. Si a Fa c ta La Vo lo n
own ill from blood so here lost. Head born many ninth that fly can lower own

tà Tu a Ne l la Te r ra Sí C co me È in
at, here born beginning must fly people bad if sixth ninth best they born one

Ce lo.
first lower.

Il Pa ne No s t ro So p ra Tu c te le
Ill close beginning so voice people for sixth close, if here ninth people land

Su s ta n ti e Da A N no I Og
twelfth voice that beginning together back seventh born, own so before holy

gi, Et Pe r do na A N no i I No s t ri
spirit, must home if stab own born own so before, before so voice people him

De bi ti, Sí C co me No i Pe r do ni am
tenth two together, sixth ninth best they so before home if stab dark morning

o A' No s t ri De bi to ri, Et No n Ci Me na
lost born, so voice people him, tenth two fight him, must so own this they own

re Ne l le Te n ta ti on i, Ma Af ra
from beginning, fly land people own that together above before, serpent last if

n ki s ci ci Da Og ni Ma le.
own Jew voice this, this seventh holy dark serpent land.

Hungarian – Munich Codex 1466

Mi At yá n k, Ki Va g y Me n n ye
Middle worthy near own first, Jew leave blood near, they own beginning near

k be n, S ze n te l te s sé k Te
Jew be so. Voice follow beginning people false people animal head born people

Ne ve d. Jö j jö n Te Or s zá
beginning eleventh day. Fourteenth God make beginning people or voice follow

go d; Le g ye n Te Ak ar at od,
start made; land blood near beginning people words ship worthy strange,

Mi ké n t Me n n ye n És Az on ké
middle Jew own people, they own beginning near dark, their kill above Jew

n t Fö l dö n.
own people, end fly made beginning.

Mi Te s ti Ke n ye rö n k Fe le t
Middle people voice together first own near from beginning Jew, end land that

t Va ló Ke n ye re t Ad ja d Mü né kö
people leave coming first own near from people extra god day, middle dark first

n k Ma. És Bo c sá s sa d Mü né kö n
own first serpent. Their child ninth follow head voice easy, middle dark first own

k Mü Vé te tö n ke t, Mi ké n t Es
first middle dead people, people own first people, middle Jew own people strong

Mü Bo c sá to n k Ne kö n kö Vé
middle, child ninth follow fight beginning jew beginning first own first dead

te t te k ne k. És Ne Vi g y Mü
people that people first beginning jew. Their beginning dead blood near middle

n ke t Ké sé r te t be, De S za ba do h
own first people, Jew head if people together be, tenth voice say fire stab he

Mü n ke t Go no s z tó L
middle own first people, start so voice follow here false.

Danish 1550

Fa de r Vo r, Du So m Er I Hi m le
Many made if can if, strongest sixth serpent true before better serpent land

ne, He l li ge t Vo r de Di t Na v n
beginning, fifth fly false cell people, can if made easy that own leave beginning,

Ko m me Di t Ri ge, S ke Di n Vi l je, So
child serpent they easy that him cell, voice first easy own dead fly make, sixth

m I Hi m me le n, Så Og På Jo r
serpent before better serpent they land beginning, sixth holy voice work if

de n.
made beginning.

Gi v Os I Da g Vo r t Da g li ge B
Spirit leave magic before seventh blood, can if people seventh blood false cell fire

rØ d, Og Fo r la d Os Vo r S k y l d
for made, holy forth if fly made magic, can if voice first stand lower strongest

So m Vi Og Fo r la de r Vo re S k y l
sixth serpent, dead holy forth if fly made from, can from voice first stand lower

de ne r, Od Le d Os Ik ke I F ri s
made beginning the, strange land day magic life first before many him follow

te l se, Me n F ri Os F ra De t On de.
people false follow, they own many him magic many if tenth that above made.

German 1553

Va te r In n De m Hi m me l. De in Na
Leave people if one own tenth serpent better serpent they land, tenth one own

me We r de Ge he il ig et. De in Re ic h Ko me
they walking if made cell he ill blade must. Tenth one from sound dry, child they.

De in Wi l le Ge s c he he A uf f Er de n
Tenth one beast fly land, cell voice first he, he born win many true made own,

Wi e Im Hi m me l.
beast back, small better serpent they land.

Un se r Te g li c h B ro d Gi b Un s
Was follow if people blood false first better fire for made spirit fire was voice

He ut e Un d We r gi b Un s Un se re S c
fifth at back, was day walking if spirit be was voice, was follow from voice first

hu l de Wi e Wi r Un se r n S c hu l
with false made. Beast back, beast if was follow if beginning voice first with false

di ge r n Ve r ge be n Un d Fü re Un s Ni
easy cell for new eleventh if cell be beginning, was day white from was voice dark

c h t In n Ve r su c hu n g So n
ninth he together one own eleventh if sun(son) first with dark start, sixth own

de r n Er lö se Un s Vo n De m Ub el.
made from dark true land follow was voice, can own tenth serpent awoke king.

Netherlandic 1587

De ux a es
Tenth devil born strong

On se Va de r Di e In de He me le n Z y
Above follow leave made if easy back one made fifth, they land own say near

t Uw en Na em Wo r de G he he y li c h
together dream when own light third if made blood he, he near false this spoke

t. U R y c ke Co me. Uw en Wi l le G he
here. Awoke if near this first best they. Dream when beast fly land, blood he

s c hi ed e Op De r A er de n G he
follow this better power back, promised tenth if born true made own, blood he

l y c k In De n He me l.
land stand best born one tenth own, fifth they fly.

On se Da g he l ye r B ro ot G he ef t
Above follow seventh blood he land near him, fire for fail, blood he hope people

On s He de n. En de Ve r g he ef t On
above voice fifth made own. When made eleventh if cell he hope together above

s On se S c hu l de n G he l y c k
voice above follow voice first with false made so blood he land stand best born

W y O oc k On se S c hu l de na re n
way near lost eighth chosen, above follow voice first with false made own from so

Ve r g he u en. En de En Le y t On s
eleventh if cell he awoke when. When made when land tail people above voice

Ni et In Ve r so ec ki n g he Ma er
dark must one eleventh if animal united Jew beginning spirit he, serpent true

Ve r lo s t On s Va n de n (f)
eleventh if lower follow together, above voice leave own made beginning, many

Bo os en.
child magic when.

Netherlandic 1619–1637

S ta te n bi j be l
Voice that people beginning two maze be lower

On ze Va de r Di e In De He me le n Zi j
Above follow leave made if, easy back one tenth fifth they land own head God

t! Uw Na am Wo r de Ge he il ig d; Uw Ko ni
people, dream own morning third if made cell he ill blade day. Dream child dark

n ri j k Ko me. Uw Wi l Ge c hi ed e,
own him make Jew child they. Dream beast fly cell ninth better power back,

Ge li j k In De n He me l Al zo O o ok Op
cell false God first one tenth own fifth they fly, take animal lost, lost good promised

De A ar de.
tenth born ship made.

Ge ef On s He de n On s Da ge li j k
Cell hope above voice fifth made own above voice seventh cell, false God first

s c h B ro od. En Ve r ge ef On s On
head best with fire for strange. When eleventh if cell hope above voice above

ze S c hu l de n, Ge li j k O ok Wi j
follow voice first with false made so, cell false God first lost good beast God

Ve r ge ve n On ze n S c hu l de na
eleventh if cell eleventh beginning above follow own voice first with false made own

re n. En Le id On s Ni et In Ve r zo ek
from so. When land mind above voice dark must one eleventh if animal about

in g, Ma ar Ve r lo s On s Va n De n
one cell, serpent ship eleventh if lower follow above voice, leave own tenth own

Bo oz e.
child magic back.

Finnish 1948

Pi ek sä mä
Circle about magic, but

Is ä Me id Än, Jo ka Ol et Ta iv a is
Their lost they mind so sixteenth chosen old must that grow born their

sa! P y hi te t t y Ol ko on Si nu n
voice. Close near better people together fight and old child above head new own

Ni me si, Tu l ko on Si nu n Va l ta ku n
dark they head, here fly child above head new own, leave fly that born beginning

ta si, Ta pa h tu ko on Si nu n Ta h to si
that head, that close dry here child above head new own, that dry fight head,

M yö s Ma an Pä äl lä Ni in ku in Ta iv
serpent near follow serpent found promised lower old, dark one born one that grow

a as sa.
born kill voice.

An na Me il le Tä nä Pä iv än ä Me id än Jo
Found own they ill land fail above promised grow so lost they mind so sixteenth

ka pä iv ä in en Le ip äm me, Ja An na Me il
chosen, promised grow lost one when land given man they, God found own they ill

le Me id än Ve l ka m me An te ek si,
land they mind so eleventh, fly chosen serpent they found people about head,

Ni in ku in Me ki n An na m me An te ek
dark one born one they Jew own found own serpent, they found people about

si Me id än Ve la l li si l le me, äl äk ä
head, they mind so eleventh fly land false head, fly land they, lower child lost

Sa at a Me it ä Ki us ak se en, Va an Pä
voice worthy born, they not lost, Jew we words follow when leave found promised

äs tä Me id ät Pa ha s ta.
animal fail, they mind fight close dry voice that.

Italian 1964

Pa d re No s t ro Ne i Ci el l, Si a
Close day from so voice people for beginning before this king before, head born

Re sa Sa n ti tà Al Nome Tu o. Ve n ga Il
from voice, voice own together at take so they here lost. Eleventh own blood ill

Re g no Tu o. Fa c ci as I Il Tu o Vo le re,
from blood so here lost. Many ninth this kill before ill here lost can land from,

Co me Ne l Ci el o, E Su l la Te r ra.
best they beginning fly this king lost, back twelfth must fly people bad if.

Il Pa noNo s t ro So p ra so s ta n zi al
Ill close so, so voice people for sixth close if animal follow that dark head, take

e Da' A No i Og gi. E Ri me t ti ci I
back seventh born so before holy spirit. Back him they that together this before

De bi ti No s t ri, Co me E No I Li Ri me
tenth two together so voice people him, best they back so before false him they

t ti am o A' De bi to ri No s t ri. E
that together morning lost born, tenth two fight him so voice people him. Back

No n Ci Re ca re In Ci me n to, Ma Li bera ci
so own this from ninth from one this they own fight, serpent false be if this

Da l Ma li g na.
seventh fly serpent false blood own.

Hungarian 1981

Mi At yá n k, Ki A Me n n ye k be n
Middle worthy near own first, Jew born they own beginning near Jew be so

Va g y, S ze n te l te s sé k
leave blood near, voice follow beginning people false people animal head born,

Me g A Ne ve d, Jö j jö n El
they blood born beginning eleventh day, fourteenth God make beginning king

AzOr s zá go d, Le g ye n Me g Az Ak
kill or voice follow start made, land blood near beginning they blood kill words

ar at od, Mi n t A Me n n y be n, Úg
ship worthy strange, middle own people born they own beginning stand be so blood

y A Fö l dö n Is.
tail born end fly made beginning their.

Mi n de n na pi Ke n ye rü n ke
Middle own made beginning own circle first own near him beginning first

t Ad d Me g Ne kü n k Ma, S Bo c
together, extra day they blood beginning Jew own first serpent, voice child ninth

sá s d Me g A Vé t ke in ke t, Am in
follow head easy they blood born dead that first one first people, morning one

t Mi Is Me g bo c sá tu n k Az El le nü
that middle their they blood child first follow here dark child kill king, land dark

n k Vé t ke zõ k ne k. És Ne Vi g
own first dead that first follow first beginning Jew. Their beginning dead blood

y Mi n ke t Kí sé r té s be, Ha ne
near middle own first people, child head if together follow be, dry beginning

m S za ba dí t s Me g A Go no s z tó
serpent voice say fire stab people head, they blood born start so voice follow here

l.
false.

Italian (1989 onwards)

Pa t ri No s t ru, Ca Si ' N ci el u, Si a
Close that him so voice people the ninth head own this king awoke, head born

Sa n ti fi ca du Lu To'Nomu Ve n ga
voice own together white ninth strongest coming fight so get eleventh own blood,

Lu To' Re g nu, Si a Fa t ta To' Vo lu n
coming fight from blood new, head born many at that fight, can coming own

ta Co mu 'N ci el u Ac us si 'N te r ra.
that best get own this king awoke, force we head own people from if.

Ra n ni O I Lu No s t ru Pa ni Q
If own dark lost before coming so voice people the close dark seventeenth

u ot id i an u A Ri mi et ti A Nu
awoke fail mind before found awoke born him middle, must together born new

at ri Li No s t ri De bi ti Co mu Nu i
worthy him false so voice people him tenth two together best get new before

Li Ri me t te mu A Li No s t ri Di bi tu ri,
false him, they that people get born false so voice people him easy two here him,

E Nu N ni N du r ri 'N ti n ta zi on
back new own dark own strongest from him own together beginning that head above

i, Ma Li bera n ni Ri Lu Ma li.
before, serpent false be if own dark him coming serpent false.

THE MAIN PRAYER OF ISLAM – THE FATIHA

Is la m
Their fly serpent

T he Fa ti ha
That he many together dry

In T he Na me Of Al la h, T he Me r ci fu l, T he
One that he own they us take fly dry, that he they if this stay land, that he

Co m pa s si on at e. P ra is e Be To
best serpent close follow head above worthy back. Close if their back be fight

Al la h, T he Lo r d Of T he Wo r l d s. T he
take fly dry, that he lower if made us, that he third if land easy animal, that he

Me r ci fu l, T he Co m pa s si on at e
they if this stay land, that he best serpent close follow head above worthy back,

T he Ru le r On T he Da y Of T he, Ju d ge me
that he the land if above, that he seventh tail us, that he speak day cell they

n t.
beginning together.

Yo u Al on e We Se r ve, F ro m Yo
Firm awoke take above back walking second if eleventh, many for they firm

u Al on e We Se ek O ur He l p. Le
awoke, take above back walking second about lost bad, fifth fly home. Land

ad Us On T he S t ra ig h t Pa t h; T he
extra we above that he voice people if blade better fight close that he; that he

Pa t h Of T ho se W ho m Yo u Ha ve Gi
close that he us that spoke follow, way spoke they firm awoke dry eleventh spirit

ve n G ra ce.
eleventh own blood if first.